성령의 감동을 따르는 시간

내 삶의 가장 분명하고 안전한 선택

성령의 감동을 따르는 시간

이태재

규장

프롤로그

성령의 감동을 따라
내딛는 한 걸음

제가 섬기는 순전한교회 주일예배 설교 시간에 사도행전을 강해하면서, 이 책을 써야겠다는 마음이 더욱 간절해졌습니다. 말씀을 계속 묵상하고 전할수록 더 분명히 깨달았지요. 초대교회 성도는 놀라울 만큼 명확하게 성령의 인도하심을 따라 살았고, 그들의 삶의 방향과 결정은 사람의 판단이나 계산이 아니라 철저히 하나님의 뜻에 따라 이루어졌다는 것을 말입니다.

사도 바울이 소아시아에 복음을 전하려 할 때 막으신 분도, 그를 마게도냐로 강력하게 이끄신 분도 성령이셨습니다. 베드로가 이방인 고넬료 집에 방문해 이방인 복음이 열린 일, 안디옥 교회가 바울과 바나바를 선교사로 파송한 일 모두 성령의 감동과 인도하심의 결과였지요. 이 사도행전의 역사는 성령께서 지금도 교회를 통해 주의 일을 이루시는 이야기, 그리고 오늘 우리의 이야기로 이어져야 합니다.

그러나 오늘날 많은 성도가 여전히 하나님의 뜻을 분별하기 어려워하고, 성령의 감동을 따르는 삶을 너무 멀게 느끼며 살아갑니다. '이게 정말 하나님의 뜻이 맞을까?' 하는 두려움, 그리고 '내가 하나님의 음성을 들었다고 말해도 되는 걸까?' 하는 혼란 속에서 시도조차 하지 않는 이들이 많습니다.

목회 현장에서도 "하나님의 음성을 들었다"라는 표현을 얼마나 조심스럽게 사용해야 하는지 모릅니다. 잘못 사용하면 사람을 조종하거나, 자기 확신을 하나님의 뜻으로 포장할 위험이 있기 때문이지요.

그런데 신약성경을 자세히 보면, "하나님의 음성을 들었다"라는 표현보다 "성령께서 이끄셨다", "성령이 감동하셨다", "성령이 막으셨다"라는 표현이 훨씬 더 자주 등장합니다. 이것이 제 안에 확신을 주었지요. 우리가 하나님의 뜻대로 살고자 할 때, '하나님의 음성을 직접 듣는 것'보다 '성령의 감동을 따라 걷는 삶'이 중요하다는 것을요.

성령의 감동은 어떤 특별한 음성 체험으로만 나타나지 않습니다. 그것은 말씀 묵상과 기도, 공동체 나눔, 평강과 부담, 마음의 변화 같은 다양한 방식으로 임하지요. 이 책은 바로 그 성령의 감동을 어떻게 분별하고 따라가야 하는지 진지하게 고민한 결과입니다.

성령의 감동은 모든 그리스도인에게 열려 있습니다. 아직 경험하지 못했다면 단지 훈련하지 않았거나 오해하며 두려워하기 때문일 것입니다. 이 책을 통해 성령의 감동을 일상에서 민감하게 느끼고, 그 감동에 따라 한 걸음 내딛기를 바랍니다. 그리하여 담대히 순종하는 삶으로 나아가길 간절히 소망합니다.

이 책에서는 성령에 대한 복잡한 신학적 설명이나 이론을 다루지 않았습니다. 대신 성령의 감동이 실제 삶의 방향이 된다는 사실, 그리고 그것이 얼마나 분명하고 안전한 길인지를 제 삶과 목회 현장에서 생생하게 경험한 이야기로 나누고자 합니다.

특히 제가 성령의 감동을 따라 실제로 순종한 과정과 '순전한교회 개척'이라는 은혜의 여정도 함께 담았습니다. 어떤 계획도, 재정도, 건물도 없이 '맨몸으로 나가라'라는 성령의 감동에 순종한 것이 시작이었지요. 그리고 그 한 걸음 한 걸음을 통해 하나님께서 얼마나 세밀하게 이끄시고 공급하셨는지를 나누고 싶습니다.

이 책이 세상에 나오기까지 힘과 용기를 북돋아 주신 규장 여진구 대표님과 편집부 김아진 실장님에게 깊이 감사드립니다. 또한 성령의 감동을 따라 함께 걸어가는 사랑하는 순전한교회 모든 성도에게 감사의 마음을 전합니다. 무엇보다 어떤 길이든 순종의 자리에서 기쁨으로 함께해준 아내 주아, 그리고 딸 드림이와 드보라에게 더없는 사랑과 감사를 전합니다.

무릇 하나님의 영으로 인도함을 받는 사람은 곧 하나님의 아들이라
롬 8:14

이태재

프롤로그

1부
성령의 감동을 따라 살려면

- **1장** 성령의 감동을 따르지 않을 때 … 15
- **2장** 성령의 감동을 따르는 삶 … 38
- **3장** 성령의 감동을 따라 개척한 교회 … 51
- **4장** 성령의 감동을 따라 내딛는 새로운 발걸음 … 66

2부
성령의 감동 이해하기

- **5장** '성령의 감동'이라고 말하는 이유 … 87
- **6장** 성령의 감동은 언제 시작되는가? … 105
- **7장** 거듭남으로 누리는 성령의 감동 … 122

3부
성령의 감동을 따르는 법

- **8장** 성경을 통한 성령의 감동 — 137
- **9장** 기도를 통한 성령의 감동 — 153
- **10장** 다양하게 임하는 성령의 감동 — 174
- **11장** 성령의 감동 분별하기 — 199
- **12장** 사인(Sign, 표징)을 구하는 기도 — 211
- **13장** 성령의 감동을 따르는 시간 — 231

1부

성령의 감동을
따라 살려면

1장

성령의 감동을
따르지 않을 때

의문의 사람, 삼손

구약성경에 등장하는 인물들 가운데 이해하기 어려울 만큼 의문스러운 사람이 있습니다. 그는 바로 마지막 사사, 삼손입니다. 삼손은 사사기 안에서도 독특한 방식으로 다뤄지고, 그의 이야기가 가장 많은 분량을 차지합니다(삿 13-16장). 다른 사사들은 사건 중심으로 간략히 소개하는 데 비해 삼손만 개인의 일대기를 기록합니다.

사사 시대 이스라엘 백성은 평안할 때면 하나님을 잊고 악행을 저지르다가 강대국의 압제에 시달리면 다시 하나님을 찾는 일을 끊임없이 반복합니다. 그 결과, 하나님의 징계가 임한 이스라엘은 블레셋에 40년간 압제당하게 됩니다.

그런 황망한 시기에 하나님께서 세우신 사사가 바로 삼손입니다. 그는 태어나기 전부터 하나님의 선택과 부르심을 받습니다.

보라 네가 임신하여 아들을 낳으리니 그의 머리 위에 삭도를 대지 말라 이 아이는 태에서 나옴으로부터 **하나님께 바쳐진 나실인이 됨이라 그가 블레셋 사람의 손에서 이스라엘을 구원하기 시작하리라** 하시니 삿 13:5

여호와의 사자가 아이를 갖지 못하던 단 지파의 마노아를 찾아가 전한 말입니다. 여호와의 사자는 그에게 자녀를 약속하고, 그 아이를 통해 블레셋 압제 아래 있는 이스라엘을 구원할 거라고 말합니다. 그러면서 아이를 나실인으로 키우라고 명령하지요.

'나실인'은 '구별된 자, 헌신한 자'라는 뜻으로, 하나님께 특별히 바쳐진 사람을 의미합니다. 보통은 자원해서 일정 기간 나실인의 서원을 하지만, 삼손은 특별한 부르심 아래 평생을 나실인으로 살아가야 했습니다.

나실인에게는 세 가지 핵심 의무가 있습니다.

첫째, 포도주와 포도로 만든 음식을 먹으면 안 됩니다. 포도는 '풍요, 즐거움, 축제, 쾌락'의 상징으로, 나실인은 그것들을 절제하고 하나님께 헌신해야 합니다.

둘째, 시체와 접촉을 금합니다. 부정한 것과 거리를 유지해야 하지요.

셋째, 머리카락을 자를 수 없습니다. 하나님께 구별된 자라는 언약의 표시로 그렇게 살아가야 합니다.

삼손은 이 나실인의 의무를 이행하며 자랍니다. 특별한 하나님의 부르심과 사명을 가지고 태어난 아이지요.

구약 시대에 태어나기 전부터 하나님의 특별한 부르심을 받은 사람은 그리 많지 않습니다. 이삭, 야곱, 사무엘, 예레미야, 요시야 그리고 삼손입니다. 사사 중에는 삼손이 유일하고, 성장 과정에서도 특별한 하나님의 은혜를 경험합니다.

그 여인이 아들을 낳으매 그의 이름을 삼손이라 하니라 그 아이가 자라매 **여호와께서 그에게 복을 주시더니** 소라와 에스다올 사이 마하네단에서 **여호와의 영이 그를 움직이기 시작하셨더라**

삿 13:24,25

하나님께서 삼손이 자랄 때 복을 주셨다고 합니다. 어떤 복인가요? 하나님의 영이 삼손에게 역사하셔서 그를 움직이십니다. 다시 말해, 성령께서 삼손의 내면과 환경을 다루시며 그에게 사명의 열정을 불러일으키셨다는 거예요. 구약 시대에 발견하기 힘든, 참으로 놀라운 역사가 삼손의 삶에서 일어난 것입니다.

게다가 삼손에게는 하나님께서 주신 아주 특별한 '힘'의 은사가 있었습니다. 힘이 강하면 강했지, '은사'라고까지 표현한 이유는 그 힘이 사람에게서 나올 수 없는, 하나님이 주신 힘이었기 때문입니다.

삼손은 맨손으로 사자를 찢어 죽이고, 블레셋 사람 30명을 쳐죽입니다. 여우 300마리를 잡아 꼬리에 불을 붙여 블레셋 사람의 곡식을 불태우고, 나귀 턱뼈로 블레셋 군사 1,000명을 죽입니다. 육중한 성문을 맨손으로 뽑아 어깨에 메고, 수 킬로미터 떨어진 헤브론 앞산 꼭대기에 가져다 놓습니다(삿 16:3). 이처럼 강력한 힘을 발휘할 때마다 성경은 "여호와의 영"이 삼손에게 임했다고 말합니다. 하나님께서 힘의 근원이 되셨음을 말하는 거예요.

그 누구보다 강력한 힘의 은사를 가진 삼손은 SF 액션 영화에 나오는 히어로들과 견줘도 전혀 손색이 없습니다. 이보다 더 완벽할 수 있을까요! 삼손은 태어나기 전부터 하나님의 부르심을 받고, 어린 시절부터 성령의 이끄심을 경험합니다. 그리고 엄청난 힘의 은사를 소유합니다. 하나님의 부르심과 능력이 모두 임한 이가 바로 삼손이었지요. 이처럼 완벽에 가까운 능력으로 준비된 사람은 성경 어디에서도 찾아보기 어렵습니다.

사사 기드온을 기억할 것입니다. 그는 사실 이스라엘 사회에 잘 알려지지 않은, 겁 많은 인물이었습니다. 그러나 하나님께서

들어 쓰시자 이스라엘을 이끄는 사사가 되었지요. 그런데 부르심과 성령의 이끄심과 육체적 강인함까지 모두 갖춘 삼손이 이스라엘의 사사가 되었으니, 얼마나 놀라운 하나님의 역사가 펼쳐지겠어요! 하지만 삼손은 우리를 참 당혹스럽게 합니다.

기적도 체험하고, 하나님의 부르심도 경험하고, 사명 안에서 능력도 받았는데 사고만 칩니다. 그 어떤 사사보다 강력한 힘을 갖고도, 선한 영향력은 고사하고 계속 일만 저지르지요.

일례로 사사기 15장에서 삼손은 블레셋에서 홀로 싸운 후 에담 바위틈에 숨습니다. 이에 블레셋 군대가 이스라엘에 처들어와 진을 치고 삼손을 요구합니다. 그러자 유다 사람 3,000명이 모여 유다 광야, 에담 바위에 숨어 있는 삼손을 찾아갑니다.

이때 유다 사람들이 삼손의 리더십 아래 블레셋과 전투를 벌여야 마땅합니다. 그런데 이들은 삼손에게 이렇게 말합니다.

유다 사람 삼천 명이 에담 바위틈에 내려가서 삼손에게 이르되 너는 블레셋 사람이 우리를 다스리는 줄을 알지 못하느냐 네가 어찌하여 우리에게 이같이 행하였느냐 하니 삼손이 그들에게 이르되 **그들이 내게 행한 대로 나도 그들에게 행하였노라** 하니라 삿 15:11

유다 사람들이 삼손을 꾸짖고, 삼손은 "그들이 내게 행한 대로 나도 그들에게 행하였노라"라고 응수합니다. 마치 사춘기 아이가 사고를 치고 부모에게 변명을 늘어놓는 것만 같습니다. 그런 삼손이 이스라엘의 사사였습니다.

> 블레셋 사람의 때에 삼손이 이스라엘의 사사로 이십 년 동안 지냈더라 삿 15:20

이 선언 후에 바로 이어지는 장면이 블레셋 가사 지역의 기생집으로 들어가는 삼손의 모습입니다. 그에게서 사사다움, 이스라엘 영적 리더의 모습은 찾아볼 수 없습니다. 그는 오히려 이스라엘의 천덕꾸러기로 전락하고 말았지요.

삼손의 마지막을 보세요. 결국은 이방 여인 들릴라에게 빠져서 처참한 최후를 맞습니다. 삼손이 하나님께 기도했다는 표현이 성경에 딱 두 번 나옵니다. 한번은 나귀 턱뼈로 블레셋 군사 1,000명을 쳐 죽인 후에 심한 갈증을 느꼈을 때, 그다음은 삼손이 죽기 직전 블레셋 신전에서 하나님께 마지막으로 힘을 달라고 기도했을 때입니다.

삼손은 누구보다 월등하게 많은 것을 갖추고 축복 가운데 사명을 감당합니다. 날 때부터 삼손의 부모를 찾아간 천사의 모습은, 예수님의 탄생 일화를 떠올릴 정도로 놀랍습니다. 천사를 통해 그의 탄생이 예고되고, 블레셋 손에서 이스라엘을 구원할 아이로 자라며, 그에 맞는 큰 능력이 부어진 모습은 마치 이 땅에 오실 예수님의 예고편 같아요. 구약에서 이렇게 특별한 탄생 이야기를 가진 사람을 찾기는 어렵습니다. 그만큼 삼손을 향한 하나님의 부르심이 특별했던 거지요.

그런 삼손이 왜 이처럼 안타까운 이스라엘의 문제아가 되었을까요? 문제를 파악하려면, 정답을 확인하는 게 옳습니다.

예수님이 하나님의 부르심을 어떻게 풀어내셨는지 살펴볼게요.

> 내가 아무것도 스스로 할 수 없노라 듣는 대로 심판하노니 나는 나의 뜻대로 하려 하지 않고 나를 보내신 이의 뜻대로 하려 하므로 내 심판은 의로우니라 요 5:30

> 내가 스스로 아무것도 하지 아니하고 오직 아버지께서 가르치신 대로 이런 것을 말하는 줄도 알리라 요 8:28

> 내가 내 자의로 말한 것이 아니요 나를 보내신 아버지께서 내가 말할 것과 이를 것을 친히 명령하여 주셨으니 요 12:49

> 내가 아버지 안에 거하고 아버지는 내 안에 계신 것을 네가 믿지 아니하느냐 내가 너희에게 이르는 말은 스스로 하는 것이 아니라 아버지께서 내 안에 계셔서 그의 일을 하시는 것이라 요 14:10

요한복음에서 분명히 강조하듯이 예수님은 하나님의 부르심과 능력을 자의로 사용하지 않으셨어요. 하나님의 아들이신데도 말입니다. 철저하게 과정마다, 순간마다 하나님의 뜻을 따라 순종하는 동행의 걸음을 놓치지 않으셨습니다. 이를 위해 예수님은 새벽 미명이면 하나님을 만나기 위해 기도의 자리로 나가셨지요. 다음 말씀을 보세요.

내 양은 내 음성을 들으며 나는 그들을 알며 그들은 나를 따르느니라 내가 그들에게 영생을 주노니 영원히 멸망하지 아니할 것이요 또 그들을 내 손에서 빼앗을 자가 없느니라 요 10:27,28

다시 28절을 먼저 읽고 27절을 읽어보세요.

내가 그들에게 영생을 주노니 영원히 멸망하지 아니할 것이요 또 그들을 내 손에서 빼앗을 자가 없느니라
내 양은 내 음성을 들으며 나는 그들을 알며 그들은 나를 따르느니라

우리는 이 순서를 통해 중요한 사실을 다시금 확인합니다. 하나님의 백성, 곧 예수 그리스도를 믿고 구원받아 영생을 얻은 사람은 하나님의 음성을 들으며 그분을 알고 따르는 삶을 살아갑

니다. 그런데 삼손은 하나님이 부르시고 주신 능력을 자기 머리로 풀어갑니다. 삼손에게서 하나님과 동행하며 성령의 감동을 따르는 모습은 찾아볼 수가 없어요.

그는 자기 생각대로 블레셋을 대합니다. 자기가 하고 싶은 게 있으면, 그것이 하나님이 금하신 일이라도 거리낌 없이 행하며 하나님의 사명을 이루고자 합니다.

아무렇지 않게 포도원에 들어가고, 죽은 사자를 만지고, 이방 여인을 사랑하고, 술을 즐기는 등 하나님의 능력을 소유한 자로서 지켜야 하는 나실인의 서원을 쉽게 어깁니다.

그러니 어떤 일이 벌어지나요? 그는 하나님과 별개의 삶을 살면서 추하고 안타까운 모습이 됩니다. 세상에서 하나님의 사람으로 서기보다 문제아로 전락하지요.

블레셋의 손에서 이스라엘을 구원하라는 하나님의 사명을 받았지만, 삼손은 그것을 자기 마음대로 풀어내려 했어요. 그는 무엇이 정말 중요한지 몰랐던 거예요.

삼손과 다른 모세

출애굽기 32장을 보면, 모세가 시내 산에 올라가 하나님의 율법을 받는 40일 동안 이스라엘 백성이 불안해하며 아론에게 금송아지를 만들어달라고 요구합니다. 아론은 백성의 요구대로 금송아지를 만들고, 백성은 그것을 '우리를 애굽 땅에서 인도해 낸 신'이라며 숭배합니다. 이 일로 하나님은 크게 진노하시며 이스라엘을 진멸하겠다고 하시지만, 모세의 목숨 건 중보기도로 진노를 거두십니다. 그러나 그때 하나님께서 모세에게 말씀하십니다.

> 여호와께서 모세에게 이르시되 너는 네가 애굽 땅에서 인도하여 낸 백성과 함께 여기를 떠나서 내가 아브라함과 이삭과 야곱에게 맹세하여 네 자손에게 주기로 한 그 땅으로 올라가라 내가 사자를 너보다 앞서 보내어 가나안 사람과 아모리 사람과 헷 사람과 브리스 사람과 히위 사람과 여부스 사람을 쫓아내고 너희를 젖과 꿀이 흐르는 땅에 이르게 하려니와 나는 너희와 함께 올라가지 아니하리니 너희는 목이 곧은 백성인즉 내가 길에서 너희를 진멸할까 염려함이니라 하시니 출 33:1-3

하나님께서는 약속대로 이스라엘 백성을 가나안 땅으로 인도하고, 가나안 족속들을 쫓아내고 젖과 꿀이 흐르는 곳으로 이끄실 거라고 말씀하십니다. 대신 하나님은 이스라엘과 함께하지 않겠다고 하세요.

삼손 같은 신앙이라면 딱 좋아할 말씀이지요. 목적을 이뤄주겠다고 하시니까요. 하지만 동행하지는 않겠다고 하십니다. 하나님이 동행하시면 이스라엘 백성을 계속 훈련하며 모난 부분을 다듬으셔야 하는데, 그러다 이스라엘을 진멸할 것 같다고 하세요. 얼마나 좋은가요! 목적을 이뤄주시는데, 그 과정에서 내 마음대로 살아도 되는 거니까요.

그러나 모세는 회막에서 하나님을 친구를 만나듯 친밀하게 만납니다. 그 귀한 은혜의 시간을 보낸 후에 모세가 하나님께 조심스레 아룁니다.

> 모세가 여호와께 아뢰되 보시옵소서 주께서 내게 이 백성을 인도하여 올라가라 하시면서 나와 함께 보낼 자를 내게 지시하지 아니하시나이다 출 33:12

모세가 가나안에 들어가는 것보다 더 중요하게 여긴 게 있었어요. 모세는 "지금 나와 함께할 분은 누구입니까?"라고 묻습니다. 그는 목적을 이루는 것보다 더 중요한 게 뭔지 알고 있었어요. 이어지는 모세의 간구를 보세요.

> 내가 참으로 주의 목전에 은총을 입었사오면 원하건대 주의 길을 내게 보이사 내게 주를 알리시고 나로 주의 목전에 은총을 입게 하시며 이 족속을 주의 백성으로 여기소서 출 33:13

모세는 매 순간 길을 가르쳐줄 이가 필요하다고 말합니다. 그래서 간구합니다. 항상 하나님이 가르쳐주시고, 그분의 눈에 들게 해달라고! 하나님의 인도하심을 날마다 누리는 것이 주의 백성의 정체성이라고 고백합니다.

모세는 하나님께서 소원을 들어주시는 것보다 함께하며 가르쳐주시는 게 더 중요한 걸 알았어요. 그러자 하나님께서 너무나 기뻐하시며 말씀하십니다.

> 여호와께서 이르시되 내가 친히 가리라 내가 너를 쉬게 하리라
> 출 33:14

하나님이 나와 동행하실 때 참된 쉼을 누릴 수 있습니다. 때마다 무언가를 결정하는 게 얼마나 힘든가요. 나이 들수록 결정할 일이 많아지고, 책임도 커집니다. 이 결정의 무게를 덜어내는 유일한 길은, 하나님이 내 길에 함께하시는 거예요. 그때 우리가 쉴 수 있습니다.

모세는 하나님을 만나면서 무엇이 중요한지 알았습니다. 목적이 이루어져도 하나님께서 때마다 이끄시고 인도하시는 은혜를 놓치면 모든 것이 허사임을 알았어요.

내가 삼손입니다

그런데 성경은 사사 같지 않은 삼손의 이야기에 많은 장을 할애합니다. 왜 하나님은 이런 삼손의 삶을 우리에게 조명하여 말씀하실까요? 그 이유는 남 얘기가 아니라 바로 우리 이야기일 가능성이 크기 때문입니다.

우리가 삼손일 수 있습니다. 하나님은 창세전부터 택정하신 은혜로 우리를 부르셔서 예수 그리스도를 믿어 하나님의 자녀가 되는 권세를 주셨습니다. 그런 우리에게 하나님은 성령을 주셨고, 놀라운 부르심과 사명도 주셨습니다.

> 그러나 너희는 **택하신 족속이요 왕 같은 제사장들이요 거룩한 나라요 그의 소유가 된 백성**이니 이는 너희를 어두운 데서 불러내어 그의 기이한 빛에 들어가게 하신 이의 아름다운 덕을 선포하게 하려 하심이라 벧전 2:9

예수 믿은 우리가 '택하신 족속, 왕 같은 제사장, 거룩한 나라, 그의 소유가 된 백성'이라고 합니다. 예수 믿고 성령이 함께하시는 얼마나 놀라운 존재가 되었나요!

그런 구원을 받고도 우리는 어떻게 살아갑니까. 세상에서 구별된 삶이 아닌, 삼손처럼 내가 하고 싶은 것, 내가 원하는 것에만 초점을 두고 살아갑니다. 그런데도 기적처럼 하나님의 섭리와 인도하심이 함께합니다. 성령의 능력도 가끔 경험합니다. 언제 그런 은혜를 경험하나요? 삼손처럼 위기에 빠져 도움이 필요할 때!

시간이 흘러도 예수 그리스도의 복음을 드러내는 빛과 소금 같은 세상의 등대가 아니라, 여전히 갈피를 못 잡고 갈대처럼 이리저리 흔들리고 있지는 않은가요.

아주 위태롭고 은혜가 안 되는 삶을 이어가는 삼손의 모습이 우리의 모습일 수 있습니다. 하나님의 택하신 족속, 왕 같은 제사장, 거룩한 나라, 하나님의 소유가 되었어도 불안하고 도무지 은혜롭지 않은, 지금의 삶 말입니다.

하나님과 동행하는 삶, 성령의 감동을 따르는 삶은 누구도 강요하지 않습니다. 그리고 이 영역은 눈에 잘 띄지 않아요. 그래서 하나님과 정말 동행하고 있는지 잘 드러나지 않습니다. 자신이 가장 잘 아는 부분이지요. 게다가 더 위험한 것은, 성령의 감동대로 살지 않아도 하나님의 능력이 삶에서 어느 정도 나타난다는 사실입니다.

삼손을 생각해보세요. 만약 하나님께서 삼손이 하나님과 동행하며 순종하는지 항상 점검하시고, 문제가 있으면 능력을 안 주셨다면 어땠을까요? 삼손이 하나님을 붙잡고 갔을 거예요. 그런데 자기 하고 싶은 대로 다 해도 그에게 여전히 힘이 있었어요.

하나님이 아니라면 주실 수 없는 힘 말입니다. 그러니 삼손이 안심한 거예요. '하나님이 나와 함께하신다'는 안일함에 자신이 병들어가는 것을 몰랐던 겁니다.

하나님께서 주시는 능력으로 자신의 영적 안전도에 파란불이 켜졌다고 생각하면 안 됩니다. 능력이 부어져도 빨간불일 수 있어요. 그건 능력으로 확인하는 게 아닙니다. 내가 힘써 하나님을 붙들며 나아가는 하루하루 삶의 경건을 확인해야 합니다. 하나님과의 동행을 확인해야 하지요.

우리가 그래요. 다들 열심히 기도합니다. 비전을 달라고, 출세의 문을 열어달라고, 좋은 배우자를 달라고, 재정을 채워달라고 기도해요. 그리고 하나님이 응답해주시면 어떻게 살아가나요? 그다음은 내 힘으로 풀어내는 게 우리 아닌가요? 바로 제가 그랬습니다.

내 맘대로 걷다가 만난 감동

저는 고등학교 2학년 때 예수님을 인격적으로 만난 후부터 기도하기 시작했습니다. 사명과 비전을 달라고 간절하게 기도했어요. 기도 가운데 하나님께서 제게 응답해주셨습니다. 목회자의 삶을 살라는 하나님의 뜻을 분명히 알 수 있었어요.

하지만 부모님의 심한 반대에 부딪혔지요. 아버지는 신앙이 없으셨고, 맏아들에 대한 기대가 크셨어요. 그런데 그 아들이 교회 수련회를 다녀온 후부터 신학교에 가겠다고 하니 얼마나 속이 상하셨겠어요. 그런 부모님을 설득하는 과정에서 아주 놀라운 일이 일어났습니다. 그리고 극적으로 부모님의 허락을 받고 신학교에 가게 되었지요. 사명을 받은 거예요. 하나님께서 주신 뜻을 분명히 알게 되었고, 하나님이 주신 비전과 목표가 분명해졌습니다.

그런데 그다음부터 제가 무엇을 했는지 아십니까? 제 머리로 하나님의 비전을 풀어내기 시작했어요. 저는 계획형 인간입니다. 여행을 가기로 했다면, 계획을 세울 때가 가장 흥분되는 사람이에요. 여행 계획을 세우는 시간이 재미있고, 그대로 진행하는 게 행복합니다.

그러다 보니 대학에서 몇 년 공부하다가 언제 군대에 가야 할지, 제대한 후까지 다 계획하기 시작했어요. 입대 시기와 전역 시기를 계산해서 복학하기 전에 받아야 할 선교단체 훈련까지 염두에 두고 입대를 준비했습니다. 하나님의 뜻보다 제 생각과 계획이 앞섰던 거예요. 그때는 당연히 그렇게 해야 하는 줄 알았습니다.

계획대로 신학교 2학년을 마치고 다음 해 4월에 입대했습니다. 2년 2개월 후 전역하고 복학하기 전까지 남는 시간에 예수전도단 DTS(Discipleship Training School, 예수제자훈련학교)에서 훈련받기로 작정했습니다. 그리고 병장이 되었을 때 DTS에 지원하는 신청서를 보냈지요. 6개월 훈련을 마치면 바로 신학교 3학년으로 복학할 예정이었습니다.

1999년 가을, 예수전도단 홍천 DTS에서 제자 훈련을 받았습니다. 그곳에서 저 같은 학생들과 간사님들과 공동생활을 하며, '하나님의 음성을 듣는 삶, 묵상, 중보기도, 예배, 내적 치유' 등의 강의를 3개월간 들으며 참 많은 은혜와 하나님의 역사하심을 누렸습니다. 이후 3개월 전도 여행을 통한 훈련을 모두 마친 때가 2000년 2월 말이었어요. 그리고 계획한 대로 신학교 3학년으로 복학했습니다.

DTS 훈련을 받았지만, 여전히 인생의 걸음은 제 계획대로였지요. 복학도 얼마나 철저하게 준비했는지 모릅니다. 신학교에 복학하기 전에 동기들에게 기숙사 신청을 부탁했고, DTS 훈련을 마치자마자 신학교로 돌아와 정신없이 적응했습니다.

그렇게 3주쯤 지났을 때였습니다. 학교생활도 잘 적응해가고 겉으로는 문제가 없었는데, 이상하게 마음 한구석이 불편했습니다.

'왜 그럴까? 무엇이 문제일까?'

스스로에게 묻기 시작했습니다. 분명 내가 있어야 할 자리에 있는데, 왠지 제자리가 아닌 것 같았어요. 그때부터 하나님 앞에 엎드려 기도했습니다.

그러던 어느 날, 학교 기숙사 방에서 조용히 하나님 앞에 머물며 시편 107편을 묵상하는데 특히 다음 구절이 눈과 제 마음에 들어왔습니다.

여호와의 속량을 받은 자들은 이같이 말할지어다 여호와께서 대적의 손에서 그들을 속량하사 **동서남북 각 지방에서부터 모으셨도다** 그들이 광야 사막 길에서 방황하며 거주할 성읍을 찾지 못하고 주리고 목이 말라 그들의 영혼이 그들 안에서 피곤하였도다 이에 그들이 근심 중에 여호와께 부르짖으매 **그들의 고통에서 건지시고 또 바른길로 인도하사** 거주할 성읍에 이르게 하셨도다 시 107:2-7

그때 마음 깊은 곳에서 성령의 감동이 일어났어요.
'태재야, 동서남북의 목마른 사람들을 건지고 바른길로 인도하는 곳이 어디더냐?'
그 순간 한치의 머뭇거림도 없이 대답했습니다.
'제게는 DTS였습니다.'
그때 분명한 하나님의 응답이 들려왔어요.
'그곳이 네가 있어야 할 곳이야.'
너무 당황스러웠지만, 그제야 깨달았지요.
'아, 내가 하나님께 묻지 않았구나. 여전히 내 삶의 운전대를

내가 쥐고 있었구나!'

그날 아무도 없는 기숙사 방에서 얼마나 많이 울었는지 모릅니다. 그건 회개의 눈물이었어요. 그리고 그 눈물 속에 하나님의 따뜻한 임재가 임했습니다. 더는 고민할 이유가 없었어요. 당장 홍천 DTS로 전화를 걸었습니다. 당시는 간사를 뽑을 때 공동체 모든 간사가 기도하며 동의하는 특별한 과정을 거쳤어요. 그리고 제가 전화한 시점은 이미 간사들을 선발하고 새로운 학생들을 맞을 준비를 할 때였습니다. 하지만 성령의 감동이 너무 분명해서 주저하지 않았습니다.

저는 학교장 간사님에게 말씀드렸습니다.

"간사님, 성령께서 지금 제가 있어야 할 곳이 신학교가 아니라 홍천 DTS 간사 자리라는 마음을 주셨는데, 혹시 지금이라도 지원할 수 있을까요?"

그러자 간사님이 말씀하셨어요.

"학교를 열어야 하는데 사실 찬양 인도자가 없어서 고민이었어. 아마도 너를 위한 자리가 남아 있었던 것 같아. 간사님들과 함께 기도하고 결정되는 대로 연락할게."

며칠 후, 학교에서 저를 간사로 받아들이기로 했다는 연락을 받았습니다. 저는 더는 망설이지 않았습니다. 그때 이미 학교 등록금을 내고 복학한 상황이었지만, 그건 문제가 아니었습니다.

당시 바울서신을 읽으며 사도 바울에게 도전받고 있었는데,

겐그레아에서 머리를 깎은 바울이 생각나 저도 머리를 짧게 자르고는 학교를 자퇴한 후 홍천 산골짜기로 향했습니다. 사실 주변의 많은 사람이 반대하는 걸음이었어요. 제가 신학교에 간 것도 이해하기 힘드셨던 부모님이 가장 큰 충격을 받으셨습니다.

하지만 제 마음은 너무나 명확하고 분명했습니다. 그때부터 저는 하나님의 비전을 제 머리로 풀어내려던 걸음을 땅에 묻고, 성령의 감동을 따라 날마다 묻고 순종하며 걸어가기 시작했어요. 불안해 보이는 길이었지만, 순종하고 나면 가장 안전한 길이었지요. 이해되지 않아 어렵게 시작했지만, 결국 감사로 주님께 영광 돌리는 길을 걷기로 했어요.

여전히 많은 사람이 삼손과 같은 삶을 살아갑니다. 비전을 구하고 하나님께서 응답해주시면, 그다음은 자신의 지혜로 풀어내려 해요. 하나님의 뜻을 이뤄드린다는 명목 아래 절제 없이 살아갑니다. 그렇다고 예배하지 않는 것도 아니고, 기도하지 않는 것도 아니에요. 필요할 때마다 하나님께 간구하고, 주시는 힘을 누리지요. 그래서 문제가 해결된 듯 보이지만, 돌아보면 여전히 같은 굴레에 갇혀 있는 자신을 발견하게 됩니다.

특히 은퇴를 앞둔 시점에 있는 성도라면 더 깊이 공감할 것입니다. 참 열심히 살았고, 신앙생활도 최선을 다한 것 같은데, 지금 나는 어떤 모습인가요? 혹시 가정에서도, 직장에서도 환영받지 못하는 사람이 되어 있지는 않나요?

왜 이런 일이 일어날까요. 여러 이유가 있겠지만, 우리가 하나님과의 친밀함과 성령의 감동 속에서 이끄시는 인도하심을 놓쳤을 가능성이 큽니다.

예수 그리스도를 믿음으로 구원을 얻고, 사명을 받고, 성령을 받았음에도 오늘날 많은 교회와 성도가 세상의 빛과 소금이 아니라 오히려 골칫덩어리 '제2의 삼손'이 된 이유는 무엇일까요.

그것은 내 마음대로 살기 때문입니다. 성령의 감동을 따르는 삶을 놓쳤기 때문이에요. 예수 그리스도를 믿고 이 땅에서 누리는 최고의 복은, 돈 잘 벌고, 고통을 해결하는 데 있지 않습니다. 그런 것은 있을 수도 있고, 없을 수도 있습니다. 그렇다면 진정한 복은 무엇일까요?

> 사람아 주께서 선한 것이 무엇임을 네게 보이셨나니 여호와께서 네게 구하시는 것은 오직 정의를 행하며 인자를 사랑하며 겸손하게 네 하나님과 함께 행하는 것이 아니냐 미 6:8

결국 '하나님과 함께 행하는 삶'입니다. 이 삶은 특별한 믿음을 가진 사람들만 누리는 영적 특권이 아닙니다. 예수님을 구주로 믿고 영접한 모두가 누릴 수 있고, 또 누려야 하는 은혜입니다.

리더십 전문가 존 맥스웰은 "인생은 선택으로 이루어지고, 그 선택이 우리를 만든다"라고 말했습니다. 그만큼 선택은 인생에서 참 중요합니다. 제가 목회를 하다 보니, 너무나 많은 성도가 선택의 문제 앞에서 고민하고 힘겨워하는 모습을 봅니다. 그래서 조언해줄 사람을 찾고, 은사 있는 사람들을 찾아가는 경우가 많습니다.

그런데 우리 삶에서 하나님의 뜻을 발견하고, 성령의 인도하심을 경험하는 건 특별한 은사를 가진 사람만 누리는 특권이 절대 아닙니다. 예수 그리스도를 믿으면 누구라도 바로 알고 깨닫게 되는 일이지요.

제가 주일예배 때 사도행전 강해 설교를 하다가 잠시 멈추고, '성령의 감동을 따르는 삶'이라는 주제 설교를 시리즈로 한 적이 있습니다. 사실, 하지 않을 수 없었다고 말하는 게 맞을 것 같습니다. 사도행전을 강해하다 보니, 오순절 성령강림 역사가 일어난 후 등장하는 모든 사람이 오직 성령의 인도하심과 이끄심을 경험하며 살아가더군요.

예수님의 지상명령 마지막 말씀이 무엇이었습니까?

볼지어다 내가 세상 끝날까지 너희와 **항상 함께 있으리라** 하시니라
마 28:20

"항상 함께 있으리라"라는 예수님의 약속! 신앙의 핵심은 주님과의 동행인 거예요. 우리는 어떻게 성령의 감동을 경험할까요. 성령의 인도하심과 이끄심은 어떻게 이루어질까요?

이 책을 쓴 이유는 이런 질문에 성경에서 말하는 답을 제시하기 위해서입니다. 이 질문에 답을 얻다 보면 성령의 감동을 따르는 삶이 우리의 일상이 되고, 하나님의 뜻을 삶에서 발견하며, 기뻐하시는 주님의 뜻대로 살아내는 은혜가 풍성하게 펼쳐질 것입니다. 이 책이 귀하게 쓰임 받기를 소망하며 구체적인 이야기를 해보려고 합니다.

2장

성령의 감동을
따르는 삶

한인교회 정착기

저는 하나님께 묻는 과정에서 일어나는 성령의 감동이 언제나 답이 되는 최선의 길을 걷고 싶었습니다. 그 감동이 구체적으로 확인되지 않아도, 아무리 많은 대가를 요구해도 전심으로 성령의 감동을 따라 살고자 했지요.

결혼한 지 1년쯤 지났을 때, 하나님께서 우리 가정에 첫아이를 허락해주셨습니다. 그런데 임신 소식을 듣자마자 뜻밖에 성령의 감동이 강력하게 일어났어요.

'서둘러 유학을 가라.'

우리 부부에게 아이가 생겼다는 기쁨이 차오르던 그때, 갑자기 성령께서 주신 마음입니다.

당시 유학을 떠나기에는 어려운 형편이었습니다. 갑자기 유학이라니요. 하지만 성령의 감동이 너무나 강력한 나머지 순종하는 마음으로 유학길을 알아보았습니다. 제가 찬양 인도 사역을 해온 터라 예배와 사역을 배울 수 있는 학교를 찾았습니다. 그러자 막연하게만 보이던 유학의 길이 점차 열리기 시작했습니다.

유학을 알아본 지 딱 5개월 후, 저와 아내는 미국 텍사스주 댈러스에 유학생 신분으로 서 있었습니다. 배가 제법 부른 아내와 저는 성령께서 주시는 감동을 따라 기도하며 결정하는 걸음을 놓치지 않으려고 부단히 애썼습니다.

무엇보다 중요한 건 사역할 교회를 찾는 일이었어요. 유학을 떠나기 전부터 저는 찬양 인도를 마음껏 할 수 있는 교회에서 섬기고 싶다는 바람이 있었어요. 그러니 그에 맞는 한인교회를 찾는 건 참 중요한 일이었습니다. 그래서 섣불리 결정하지 않고, 기도하며 여러 교회를 살폈습니다.

그러던 중 댈러스 지역의 한인교회 한 곳을 방문했습니다. 연세 지긋한 성도가 대부분인 전형적인 전통교회였습니다. 예배를 드리며 '내가 이 교회에서 사역하면 금세 쫓겨나겠구나' 싶은 마음부터 들었어요.

그런데 예배를 마치고 일어서려는데, 성령께서 강력한 감동으로 이끄시는 거예요.

'이 교회다!'

순간 아내를 바라보니, 저를 보며 고개를 끄덕였어요. 이럴 땐 어찌 그리 마음이 척척 잘 맞는지요. 아내도 동일한 감동을 받은 거였어요. 하지만 제 이성은 '사역하면 큰일 날 교회'라고 강하게 말하고 있었어요. 그래서 아내에게 한 번의 감동으로 결정하는 건 성급할 수 있으니, 다음 주에 한 번 더 와보자고 했습니다.

그다음 주일, 다시 그 교회로 향했습니다. 그날 예배 시간에 목사님이 하필이면 '예배'에 관해 말씀을 전하시는데, 놀랍게도 제가 평소에 생각하던 예배관과 같은 말씀을 전해주셨어요. 말씀을 듣다가 더는 반항할 수 없는 성령의 분명한 감동이 저와 아내에게 전해졌습니다.

예배 후에 담임목사님을 찾아가 찬양 인도 사역에 대한 마음을 나눴습니다. 목사님은 좋은 찬양 인도자가 있으면 좋겠지만, 아직 인도자를 세울 상황이 아니라고 하셨어요. 그러나 하나님께서 이미 제게 감동을 주시고, 이 교회에 대한 마음을 주신 상황에서 제 위치나 사례비는 중요하지 않았습니다. 그래서 저는 그저 섬기겠다고 말씀드렸습니다.

이후 제 사역은 어떻게 됐을까요. 1년쯤 지나자, 제 예상대로 교회에서 쫓겨날 위기에 처했습니다. 교회가 찬양 예배를 받아들이기에는 아직 더 시간이 필요했지요. 찬양 예배 가운데 은혜를 받는 성도도 많았지만, 불편해하는 분들도 적지 않았습니다.

그때 저는 처음으로 '나를 미워하는 사람이 있는 곳에서 사역한다는 것'이 어떤 의미인지 깊이 체험했지요. 스트레스가 얼마나 컸던지, 집에서 쓰러져 기절한 적도 있습니다. 마음 한구석에서 속상함과 울분이 한꺼번에 치밀어올랐습니다. 그리고 하나님께 울며 기도했어요.

'하나님! 제가 이 교회에 처음 왔을 때부터 아니라고 생각한 걸 아시잖아요! 결국 제 생각대로 일이 벌어지고 있어요! 그래서 괴롭습니다, 하나님!'

그런데도 성령의 감동은 여전히 '이 교회다!'였어요. 그러면 그다음은 버텨야 합니다. 그저 견디고 버티는 거예요. 그렇게 저는 유학 생활을 마치는 7년 동안 그 교회를 섬겼습니다. 돌이켜보면, 그 교회에서 사역한 것은 제게 너무나 감사한 일이었습니다.

그곳은 제게 귀한 배움의 터전이 되어주었어요. 선교단체에 오래 있었던 저는 교회에 대해 잘 몰랐지만, 그곳에서 교회의 본질과 역할을 깊이 배웠습니다. 또한 저를 힘들어하는 사람들과 함께 걸으며, 하나님을 전심으로 예배하는 길을 배웠어요. 아무것도 없는 상태에서 예배를 세워가며, 교회 예배가 어떻게 자리 잡아야 하는지도 배웠습니다.

무엇보다 하나님을 사랑하며 진실함으로 나아가는 시간! 버텨내는 시간이 주는 힘을 배웠지요. 그 교회에서 목사 안수를 받았고, 사역을 마치고 한국으로 돌아올 때는 많은 이의 사랑을 받으며 은혜 가운데 돌아왔습니다. 제 예상보다 훨씬 크고 놀라운 하나님의 뜻이 성령의 감동으로 전해졌고, 순종했기에 누릴 수 있는 은혜였습니다.

얼마 전, 10년 만에 미국 댈러스에 말씀을 전하러 갔다가 제가 사역했던 교회에서 잠깐 말씀을 나눌 기회가 있었어요. 다시 만난 모든 분이 얼마나 반갑던지요. 심지어 예전에 갈등이 있었던 분들까지 귀하고 사랑스럽게 보였어요. 얼마나 아름다운 재회였는지 모릅니다.

그때 어렵다고 교회를 떠나지 않고, 성령의 감동을 따라 버티며 섬긴 시간이 얼마나 귀하고 복되었는지를요. 성령의 감동은 하나님의 계획을 알게 하고, 그 계획을 경험하게 하는 문입니다.

믿음이 작은 자의 결단

형편이 어려운 상황에서 유학길에 오르다 보니, 공부보다 생활을 이어가는 것 자체가 큰 도전이었습니다. 게다가 처음에는 둘이었지만, 어느덧 두 아이의 부모가 되고 나니 가장의 무게가 어찌나 무겁던지요.

그래서 저는 공부를 하면서 주말에는 교회 사역을 하고, 주중에는 시간제로 일해야 했습니다. 처음에는 헤어나 미용 제품을 판매하는 상점에서 일했어요. 그러다 휴대전화 판매점에서 일하게 되었는데, 돈만 내면 휴대전화 개통이 가능한 곳이라 거친 사람들이 많이 왔어요. 그러다 보니 공부와 사역과 일 모두 최선을 다하기가 어려웠습니다. 학교에 가도, 일터에 가도, 교회에 가도 피곤이 몰려오기 일쑤였지요.

그러다 유학 생활 4년 즈음 성령께서 감동을 주셨습니다. '하나님께서 먹이시고 채우실 것'이라는 마음이었지요. 여러 번 제 마음을 두드리시는 하나님의 손길을 예배와 묵상과 기도 시간에 경험할 수 있었습니다. 하지만 저는 그 두드림을 계속 외면했어요.

'누가 이 타국에서 우리 가정을 돌봐준단 말인가!'

이런 마음이 일어나 일을 그만둘 수 없었어요. 하나님의 두드림이 있을 때마다 저는 변명하듯 기도했지요.

'하나님, 그래도 어쩔 수 없습니다. 여긴 미국입니다! 아무도 저를 책임져주지 않습니다. 제 가족은 제가 돌봐야 합니다. 눈감아주세요. 하나님!'

이런 자기 합리화로 성령의 감동을 무시했습니다.

그리고 유학 5년 차에 날벼락 같은 일이 일어났습니다. 제가 다니던 신학교 앞 휴대전화 판매점에서 일할 때였어요. 다른 전도사님이 일하는 날, 갑자기 신학교 국제 학생 담당 직원이 문을 벌컥 열고 들어오더니 일하던 전도사님 사진을 찍어가더랍니다.

다음 날, 학교에서 그 전도사님을 불러 불법으로 일한 것을 문제 삼아 제적 처리했고, 그 전도사님 가정은 당장 한국으로 추방당하는 상황에 놓였습니다. 저도 더는 그 가게에서 일할 수 없게 되었고요.

미국에 유학 온 학생들은 학교에서 허락된 일 외에 외부에서 일하며 돈을 버는 게 법적으로 금지되어 있었습니다. 그러나 저도 그랬고, 많은 이들이 경제적 어려움 때문에 일해야 했어요. 그러다 보니 외국인 학생이 일했다는 이유로 제적 처리하는 학교가 참 야속했습니다. 신학교에서 신학생의 어려운 사정을 배려하지는 못할망정 매정하게 법을 운운하며 최소한의 생활비를 벌기 위해 일하는 유학생을 정죄하고 제적 처리까지 하는 모습에 너무 화가 났습니다.

그런데 더 충격적인 것은 이후에 전해진 학교의 반응이었습니다. 하나님의 종이 되는 사역자를 양성하는 학교이기에 법 앞에 더 신실해야 한다는 겁니다. 신학교에 입학할 때 서약하는 사항에 불법적인 일을 하지 않겠다는 내용도 포함되어 있었어요. 그런 약속도 지키지 못하고 어떻게 목회자가 되어 성도에게 정직을 가르치겠냐는 거지요.

결국 저는 불법을 저지른 사람이었던 거예요. 학교와의 서약도 지키지 않았고요. 학교는 너무 맞는 말을 하고 있었어요. 그런데 그런 상황이 되자, 학교가 아닌 하나님을 향한 원망이 일어났습니다.

그날 밤, 저는 학교 기숙사 아파트의 작은 거실에서 하나님 앞에 엎드렸어요.

'하나님! 제게 유학을 떠나라고 하신 분이 당신이십니다. 그러면 먹고살 길은 마련해주셔야 하는 것 아닙니까? 교회도 사역하기 어려운 교회로 가라고 하셔서 고생만 하고 있잖아요. 그러면 생활이라도 좀 편하게 해주셔야 하는 것 아닙니까? 하나님, 제가 일확천금을 달라는 것도 아니고, 그저 일용할 양식을 달라는 거잖아요!'

그러자 성령께서 강한 감동을 주셨어요.

'그래서 내가 계속 말하지 않았니. 일하지 말고 내가 먹이고 채우는 걸 경험하라고 말이야.'

이런 감동과 함께 말씀 한 구절이 떠올랐어요. 그래서 성경을 펴고 말씀을 찾았습니다.

또 너희가 어찌 의복을 위하여 염려하느냐 들의 백합화가 어떻게 자라는가 생각하여 보라 수고도 아니하고 길쌈도 아니하느니라 그러나 내가 너희에게 말하노니 솔로몬의 모든 영광으로도 입은 것이 이 꽃 하나만 같지 못하였느니라 오늘 있다가 내일 아궁이에 던져지는 들풀도 하나님이 이렇게 입히시거든 하물며 너희일까 보냐 **믿음이 작은 자들아** 마 6:28-30

이 말씀을 제가 왜 모르겠어요. 그런데 마지막 부분을 읽는데 "믿음이 작은 자들아"라는 말씀이 아주 크게 보였습니다.

성경 말씀이 은혜가 될 때가 많지만, 때로는 말씀 때문에 속상할 때도 있습니다. 말씀과 현실의 괴리감이 느껴져서 말씀을 주시는 하나님께 속상한 마음이 일어나지요. 그날 밤 하나님과의 만남이 그랬어요.

그래서 하나님께 결단하며 약속했어요. 신학교 공부를 마치려면 2년 정도 남은 시점이었습니다.

'하나님, 순종하겠습니다! 앞으로 2년간 일하지 않고 하나님의 공급하심으로 살겠습니다. 하지만 이 기간에 두 가지를 하지 않겠습니다. 첫째, 누구에게도 재정적 어려움을 말하지 않겠습니다. 어디에도 기도 편지를 보내지 않겠습니다. 하나님만 아시오니 오직 하나님께서 먹여 주십시오.

둘째, 만약 공급하시는 하나님을 경험하지 못한다면 저는 공부도, 사역도 하지 않겠습니다. 저도 믿음으로 살지 못하면서, 어떻게 저와 함께할 성도에게 믿음의 삶을 살라고 도전하겠습니까? 2년 동안 책임져주세요, 하나님!'

이렇게 기도하고 다음 날 아침, 아내에게 이 마음을 전했습니다. 눈앞이 캄캄했지만, 저와 아내는 믿음의 걸음을 걷기로 했습니다.

성령의 감동으로 먹고살다

이렇게 믿음의 결단을 한 다음 어떤 일이 벌어졌을까요? 어떤 재정적 공급도 없었어요. '혹시 하나님의 까마귀가 문 앞에 뭔가 놓고 가지 않았을까?' 하는 마음에 현관문을 얼마나 자주 열어봤는지 모릅니다. 남은 돈을 야금야금 쓰다가 3주가 되니, 교회에 갈 기름값도 없는 처지가 되었어요.

앞날이 까마득했습니다. 그런데 그 정도 되니까 두려움보다는 오히려 오기와 어느 정도의 화가 걸음을 이어가게 하더군요. 하루에도 몇 번씩 겁도 없이 하나님을 얼마나 협박했는지 모릅니다.

'하나님, 저는 하나님이 채워주시지 않으면 내일이 없습니다.'

하지만 제 상황은 나아지는 게 없었어요. 그렇게 한 달을 채워가던 무렵, 한 전도사님이 제게 어떤 소식을 전해주었어요.

"목사님, 혹시 그 소식 들으셨어요?"

"무슨 소식이요?"

"오바마 대통령이 이민법 하나를 개정했대요. 원래는 미국 시민만 대학 등록금을 내면 1년 후에 일부를 다시 돌려주는데, 유학생들도 총 네 번 돌려주는 제도를 마련했대요. 목사님도 세무서에 한번 문의해보세요."

이 이야기를 듣자마자 세무서에 전화했고, 가능하다는 말에 제 정보를 전달하고 답변을 기다렸습니다. 그리고 얼마 지나지 않아 세무서에서 연락이 왔습니다.

"당신은 지난 3년간 받지 못한 등록금 반환 혜택을 누릴 수 있습니다. 그리고 당신의 자녀들이 미국 시민으로서 받을 수 있는 혜택이 있는데, 신청하지 않았더군요. 그 혜택을 다 받도록 신청하겠습니까?"

그리고 제가 받을 수 있는 금액을 말해주는데, 미화로 약 16,000달러였습니다. 제가 너무 놀라서 이 돈을 왜 제게 주느냐고 물으니, 원하지 않으면 신청하지 말라더군요. 저는 더 놀라서 바로 신청했고, 담당자는 며칠 후면 통장에 입금될 거라고 말했습니다. 그래도 믿기지 않는 이야기였습니다.

며칠 후 저녁, 컴퓨터를 하던 아내가 갑자기 "으악~!" 하며 소리를 질렀어요. 깜짝 놀라 달려가 보니 제 은행 계좌를 보고 있었어요. 그런데 정말 16,000달러가 넘는 금액이 찍혀 있는 거예요. 저도 너무 놀라서 아내와 함께 소리를 질렀습니다.

다음 날, 저와 아내는 오전 8시에 여는 은행 앞에 서 있었어요. 혹시 모르니 지급된 돈을 전부 현금으로 찾아야겠다는 생각에 은행 문이 열리자마자 창구로 달려가 계좌 잔액을 모두 현금으로 찾겠다고 했지요. 지금 생각하면 얼마나 부끄러운지 모르겠습니다. 하지만 그때는 우리 가정의 생명줄 같은 돈이었어요.

집으로 돌아와 그 돈을 24개월에 나눠 쓰려고 봉투 24개에 나눠 담았어요. 그 돈은 당시 제가 아르바이트해서 벌어야 했던 금액과 같았어요. 교회 사례비와 아이들 혜택 등을 포함했을 때, 매달 추가로 필요했던 금액이 딱 맞아떨어진 거예요.

아내와 저는 그 봉투를 붙들고 하나님께 엎드려 감사 고백을 드렸습니다. 얼마나 많은 눈물이 흐르던지요. 하나님은 과연 먹이시고 채우시는 분이었어요.

사실 '이 타국에서 누가 나를 도와주겠어!' 하는 생각이 끊임없이 제 마음을 흔들고 괴롭혔어요. 그런데 눈으로, 삶으로 본 증거였어요. 내가 불가능하다고 여긴 상황은 하나님께는 불가능이 아니었어요. 하나님은 믿음으로 순종한 우리 가정을 신실하게 채우셨습니다. 그리고 유학 생활 마지막 2년간 일하지 않고 학교 공부에 집중하면서 얼마나 많은 유익을 누렸는지 모릅니다.

누가 상상이나 했을까요! 하나님이 보내신 까마귀가 미국 정부일 줄이야. 더 놀라운 건, 오바마 대통령이 대통령직을 마치고 난 후에 그 법은 없어졌어요. 그래서 저는 "하나님께서 우리를 먹이시려고 잠시 법을 바꾸신 게 아닌가 싶어!"라고 종종 이야기합니다.

그때 얼마나 크게 회개했는지 몰라요. 제 믿음 없음을! 성령의 감동에 불순종했음을! 이 일 후에 성령의 감동을 따르는 것이 제 삶의 확고한 우선순위가 되었습니다. 그리고 마음 깊이 다짐

했어요.

'무슨 일이 생겨도 순간순간 성령의 감동을 따르는 걸음을 포기하지 않겠다.'

성령님의 이끄심은 우리 인생의 절대적인 좌표입니다. 내 이성과 계획과는 비교할 수 없는 하나님의 지혜가 성령의 감동 아래 펼쳐집니다.

3장

성령의 감동을 따라 개척한 교회

다음 걸음을 걸어야 할 시기

미국에서 공부를 마쳤을 때 한인교회에서 사역할 수 있는 상황이 열렸습니다. 물 흐르듯 자연스럽게 열리는 상황이 하나님의 뜻인가 싶었지만, 이내 기도하면서 결정해야 한다는 마음이 들었어요. 그래서 졸업 후 갈 바에 대해 원점에서 다시 기도해보았습니다.

기도하면서 제게 주신 성령의 감동은 '유학의 동기를 확인하라'였습니다. 유학을 준비한 계기는 공부를 마치고 한국으로 돌아와서 할 사역에 대한 기대 때문이었어요. 그 동기가 계속 떠올랐어요. 미국에서 이민 목회를 하기 위해 유학길에 오른 게 아니었습니다. 계속 전해지는 성령의 감동은 명확히 '한국으로 돌아가는 것'이었습니다.

결국 아내와 깊이 상의하며 기도하는 가운데 같은 마음을 품게 되었습니다. 부부의 경우, 아무리 하나님께서 주시는 감동이 강해도 둘이 한마음이 될 때까지 기다려야 합니다. 부부는 한 몸으로 부름을 받았기 때문이에요(창 2:24).

당시 첫째가 막 초등학교 1학년에 들어가 적응하고 있던 때라 결정을 내리기가 쉽지 않았습니다. 그러나 기도 가운데 확신이 생겨 귀국을 결단했어요. 아직 한국에서 사역할 교회가 정해지지 않은 상태였지만, 하나님께서 인도하실 걸 믿었기에 먼저 순종하기로 했습니다.

결정을 내린 후에는 한국에서 사역할 교회를 찾아야 했어요. 그래서 공부하면서 마음에 깊이 새겼던 '말씀과 성령의 균형'을 소중히 붙드는 교회를 찾기 시작했습니다. 그리고 놀랍게도 그 방향을 실제로 실천하며 건강하게 세워지고 있는 한 교회를 만났습니다. 그곳 전임사역자로 부름 받는 과정에서 하나님께서 길을 열어주셨다는 확신이 들었습니다.

그곳에서의 시간은 참 귀했습니다. 말씀과 성령의 조화 속에서 교회와 사역을 배우며, 무엇보다 하나님과 더욱 친밀히 동행하는 법을 배울 수 있었지요. 이후, 선임행정 목사로 섬기면서 교회 행정과 운영 및 목회 전반을 배우며 하나님의 섬세한 손길을 깊이 경험했습니다.

지금 돌아보면, 단순한 사역을 넘어 하나님께 순종하며 걸어갈 때 어떤 문을 여시는지를 직접 배우는 시간이었습니다. 하나님은 계속 한 걸음씩 순종할 때마다 그다음 걸음을 보여주셨어요. 그렇게 7년째 섬기고 있을 때, 앞으로 새롭게 걸어야 할 진로를 위해 기도해야 한다는 부담이 일어났습니다. 작정하고 기도하기 시작하자, '다음 걸음을 걸어야 할 시기'라는 마음이 또렷해졌습니다.

그때부터 더 구체적으로 기도하며 하나님의 뜻을 구했어요. 그러면서 '교회 개척'의 마음을 품었습니다. 그리고 나니 기도가 더욱 간절해지더군요.

그러다 2019년 5월, 하나님께서 교회 개척의 마음을 확인시켜 주시는 가운데 분명한 성령의 감동이 찾아오기 시작했습니다.

'맨몸으로 나가라.'

아무것도 바라지 말고 맨몸으로 나가라는 성령의 분명한 감동이 차올랐어요. 처음에는 얼마나 서운했는지 모릅니다. 보통 대형 교회에서 수석 부목사로 섬기면 지원을 받아 분립 개척하는 경우가 많은데, 맨몸으로 나가라는 마음을 주시니까요. 문득 불안감이 엄습했습니다.

당시 첫째가 중학교 1학년, 둘째가 초등학교 5학년이었어요. 그런데 맨몸으로 나가면 과연 어떻게 살아야 할지 막연한 두려움이 밀려왔습니다. 여러 번 확인했지만, 성령께서 주시는 감동은 맨몸으로 나가라는 것이 전부였어요. 가장 먼저 아내와 상의

했습니다. 그런데 아내가 함께 기도하면서 동의해주었어요. 아무것도 정해진 게 없었지만, 사역을 내려놓고 다음 걸음을 걷는 것에 한마음이 되었습니다. 불안한 결정이었지만, 함께 걷기로 했습니다.

이 결정을 가까운 가족들과 나누자 모두가 반대했습니다. 지금 시대에 교회 개척은 너무나 어려운 일이고, 지원을 받고 개척해도 살아남을까 말까 하는 게 현실인데, 아무것도 없이 어떻게 하느냐는 주변의 우려가 깊어졌어요.

그런데 놀랍게도 제 마음은 오히려 평안해졌어요. 몸만 나가기로 했는데 더 확신이 들더군요. 그러다 저희 가정에서 시작하는 것도 좋으니 교회를 개척해야겠다는 마음이 일어났어요. 몇몇이라도 좋으니 그들과 함께 하나님이 기뻐하시는 예배자로 서면 족하다는 마음이 들었고, 그 마음은 소망이 되어갔습니다.

더는 주저할 수가 없어서 오랜 기도 끝에 담임목사님을 찾아 뵈었어요. 지금까지 교회에서 받은 사랑에 감사하고, 특별히 하나님이 주신 마음이 있어서 사역을 그만두고, 개척의 걸음을 걷겠다고 말씀드렸어요. 그러면서 두 가지를 약속했습니다.

첫째는 교회의 지원 없이 개척하는 것이고, 둘째로 어떤 성도에게도 함께 가자고 권하지 않겠다고 했습니다. 그러나 혹 누군가가 기도하며 함께하겠다고 하면, 그것은 막지 않겠다고 말씀드렸지요.

담임목사님은 "숲을 이루는 교회가 되어야 한다"라고 자주 말씀하셨습니다. 한 그루의 나무로만 서는 게 아니라, 많은 나무가 함께 자라 숲을 이루듯, 교회가 서로 세워지고 연결되어야 한다는 비전의 메시지였어요. 결국 목사님도 이해하시며 제 이야기를 받아들여 주셨습니다.

그때부터 개척 준비를 해야 했는데, 사실 할 게 없었어요. 기도 외에는 할 수 있는 일이 없었습니다. 돌아보면 가장 감사한 상황이 아니었나 생각합니다. '그래도 뭔가 준비해야 하지 않을까?' 하는 조바심이 날 때마다 하나님은 기도하게 하셨어요.

순전한교회 개척 이야기

그해 10월, 주일예배 때 담임목사님이 교회 개척 소식을 전하시며 축복해주셨어요. 그런데도 인간적인 마음이 들었습니다.

'요즘 같은 때 아무것도 없이 교회를 개척한다고 하면 과연 누가 따라올까!'

그런데 이후로 한 사람, 두 사람 개척에 함께하겠다는 사람들이 찾아왔습니다. 처음에는 몇 명 되지 않았지만, 점점 늘어나더니 제 예상을 훨씬 뛰어넘었어요. 큰일이었지요. 어림잡아도 집에서 예배하는 것 자체가 불가능해진 겁니다.

예배 장소가 필요했고, 그밖에 필요한 것들이 자꾸 생각났어요. 그런데 현실을 보면, 할 수 있는 게 하나도 없었어요. 그러자 마음이 조급해졌습니다. 하지만 성령의 감동을 따르는 걸음 속에서 분명하게 배운 두 가지가 있었어요.

"첫째, 마음이 조급해지면 기도해야 한다는 신호이다. 둘째, 절대로 급하게 결정하지 않는다."

그래서 마음이 갈급한 만큼 간절히 기도하며, 말씀 속에서 하나님의 뜻을 살펴보았습니다. 그러다 분명한 하나님의 마음이 전해지더군요. 주신 마음을 따라, 아무리 필요가 보여도 먼저 움직이지 말고, 함께할 사람들과 더 기도하고, 특별히 시작될 교회를 통해 영광 받으실 하나님을 찬양하며 경배하는 데 집중하기로 했습니다.

그래서 개척의 발걸음을 내딛기 전에 먼저 함께할 몇몇 사람과 기도 모임을 시작했어요. 하나님을 찬양하며 교회를 통해 일하실 하나님의 이름을 높이며 전심으로 기도하는 일에 온 힘을 쏟았습니다.

개척해야 할 시간은 점점 다가왔고, 자연스럽게 함께하는 사람들에게서 예배 장소가 어디냐는 질문이 나오기 시작했어요. 이 상황을 우려한 몇몇 분이 장소를 알아보았고, 좋은 장소가 있으니 함께 가보자는 제안도 해주었어요. 그러나 성령님이 여전히 '기도하라'라는 마음만 주셨기에 움직이지 않았습니다.

사람들은 이해가 되지 않는다며 답답해했죠. 그 마음을 충분히 알았어요. 저도 마음 한구석이 얼마나 답답했는지 모릅니다. 당장 움직이고 싶은 생각이 들고요. 제가 경험해 보니, 이 걸음이 더 힘들더라고요. 발품을 팔며 열심히 알아볼 수도 있었어요. 이 상황에서 최선을 찾는 것이 원래 제 성향과 기질에 맞아요. 물이 목까지 찬 상황에서 태평하게 기도만 한다는 게 사실 너무나 답답한 일이었어요. 그저 기도로 때를 기다리는 것이 너무 힘들었습니다.

그런데 기도하는 가운데 제 안에 분명한 확신이 있었습니다. 빈손으로 개척하겠다고 결정한 걸음이었고, 그 걸음을 하나님께서 시작하게 하셨지요. 그렇다면 이 모든 일을 아시는 하나님께서 계획이 있으실 것이고, 분명히 우리를 이끄시리라는 기대와 확신이 있었습니다.

서를 미국에서 먹이시고 채우셨던 것처럼 하나님께서 하실 일을 이루시리라는 기대가 일어나더군요. 그렇게 기도하던 중, 개척해야 하는 시기가 정말 얼마 남지 않았을 때, 드디어 '장소를 알아보라'라는 마음의 감동이 일어났어요. 그리고 처음 시작하는 교회인데 절대 무리해서는 안 된다는 마음이 있었습니다. 그래서 한 성도에게 주일에 장소를 빌려 예배할 수 있는 곳을 알아봐 달라고 부탁하고 가능한 곳을 살펴보았습니다.

처음으로 알아본 곳은 강남구 학동역 근처에 있는 아트홀이었어요. 피아노 콩쿠르를 하는 장소였는데, 사진을 보니 예배하기에 적합해 보였습니다. 그래서 여기를 먼저 보자고 말했어요.

그러자 그 성도가 "목사님, 여기는 대관하려면 많은 재정이 필요할 거예요"라고 했어요. 조금이라도 현실감이 있다면 누구라도 알았을 거예요. 가고 싶은 곳은 많아도, 갈 수 있는 곳이 없는 현실이었습니다. 그런데 이상하게도 '우리 교회다'라는 확신이 일어나는 거예요. 재정 문제는 나중에 생각하더라도 우선 알아는 봐야겠다 싶어서, 바로 담당자를 찾아가 만났습니다. 그랬더니 담당자분이 주일에 교회 대관이 가능하다고 했어요.

"너무 좋은 타이밍에 찾아오셨네요. 여긴 원래 다른 교회에서 사용하려고 계약을 했는데, 갑자기 며칠 전에 교회 사정이 생겨서 불가능하게 됐어요. 딱 제때 오신 거예요."

그곳은 제가 조급해서 먼저 알아봤으면 만날 수 없는 장소였어요. '기도하라'는 성령의 감동을 따라 기도의 시간을 갖고, '찾으라'는 성령의 감동을 따라 찾기 시작한 타이밍이 딱 맞았던 거지요. 담당자와 계약하기 위해 구체적인 사항을 논의하기로 하고 돌아왔습니다. 그런데 문제가 하나 있었어요. 시기는 맞았는데, 돈이 없었지요.

며칠 후, 계약을 담당하는 팀장에게 연락이 왔습니다.

"목사님, 제가 보니 막 개척하는 교회인 것 같은데 맞나요?"

"네, 맞습니다."

"그러면 교회 재정 상황이 여의찮으시지요?"

"네, 사실 재정이 어려운 상황입니다. 어떻게 잘 아시네요."

"네, 아버님이 제주도에서 목회를 하고 계셔서 교회 사정을 잘 압니다."

"아, 그러시군요. 하나님께서 우리를 이곳으로 인도해주신 이유가 있나 봅니다."

"네, 목사님. 그런 것 같네요. 그래서 말인데요. 재정이 여의찮으신 것 같으니, 계약금은 받지 않겠습니다. 그리고 1년마다 재계약하는 것으로 하고, 전체 대관료에서 40퍼센트를 할인해드리겠습니다."

"…."

저는 아무 말도 할 수 없었어요. 너무 놀란 나머지 말을 잇지 못하고 멍하니 전화기만 들고 있었습니다. 그곳은 우리가 가기에 정말 안성맞춤인 곳이었어요. 과연 하나님께서 예비하신 곳이었습니다. 여호와 이레의 하나님!

그렇게 장소 문제가 해결되었어요. 그리고 2020년 1월 5일, 하나님이 예비해주신 그 장소에서 첫 예배를 드렸습니다. 예배 후에 성도 모두 이렇게 좋은 장소가 있었느냐며 "할렐루야!"를 외치더군요. 하나님의 인도하심을 경험하며 얼마나 많은 하나님의 격려를 받았는지 모릅니다. 물론 쉬운 걸음은 없었어요. 하지만 하나님께서 이처럼 우리의 길을 예비하시고 이끌어주시니 힘이 났습니다.

만일 우리가 성령으로 살면 또한 성령으로 행할지니 갈 5:25

개척의 걸음은 성령으로 사는 것을 배우는 생명의 시간이었어요. 아무리 힘들어도 성령의 감동을 따라 순종하면, 그 걸음을 통해 하나님의 뜻을 이루신다는 사실을 몸으로 배우는 은혜가 있었습니다. 그리고 이것은 앞으로 펼쳐질 성령의 역사의 서막이었지요.

또 다른 장소를 예비하신 하나님

예배 장소 문제는 해결했지만, 주중에 새벽예배를 드리고 사역을 준비하기 위한 장소도 필요했어요. 하지만 당시 최선은 토요일에 사용하지 않는 성도의 사무실을 빌려 두 분의 전도사님과 회의하고, 예배를 준비하는 것이었습니다.

그렇게 교회를 개척한 지 한 달쯤 되었을 무렵이에요. 제가 사역하던 교회에서 주례했던 청년의 아버님으로부터 연락이 왔어요. 그 통화가 처음일 정도로 전에 이야기를 나눠본 적도 없는 분이었습니다. 전화를 주신 이유는, 제가 주례한 청년의 형이 큰 수술을 앞두고 있는데 병원 심방을 와달라는 부탁이었습니다.

다음 날 병원으로 향했어요. 수술을 앞둔 형제에게 말씀을 전하고 뜨겁게 기도했습니다. 그리고 나서 부모님과 함께 식사하며 이야기를 나누었어요.

식사 중에 자연스럽게 교회 개척이 어떻게 진행되고 있는지 나누다가 그분이 물으셨어요.

"목사님, 그러면 사무실은 있으세요?"

"사무실은 없습니다. 제 차가 사무실이지요. 그래도 감사하게 지내고 있습니다."

아버님은 잠시 생각하더니 이렇게 말씀하셨어요.

"목사님, 제가 일원동에 빌딩이 있는데 지하에 작은 공간이 있어요. 혹시 그곳을 사무실로 사용하시겠어요? 임대료 없이 관리비만 내시면 됩니다."

갑자기 들은 이야기에 당황한 저는 잠시만 기다려 보라고 하고는 교회 장로님에게 전화를 걸었습니다.

"장로님, 지금 이떤 분이 자기 건물에 사무실을 내줄 테니 임대료 없이 사용하라는데 어찌할까요?"

그러자 장로님은 잠깐의 망설임도 없이 말씀하셨습니다.

"목사님! 무조건 좋다고 하세요. 하나님께서 일하시네요!"

전화를 끊고 나서 청년의 아버님에게 감사하게 장소를 사용하겠다고 말씀드렸어요. 이후 그 청년 부모님이 주일에 예배를 드리러 왔고, 다음날 잠시 보자고 하셨어요. 그런데 아버님이 이런 말씀을 하시는 거예요.

"목사님, 주중에 새벽예배도 드려야 하고, 모임 장소도 필요할 텐데 계획이 있으신가요?"

당연히 어떤 계획도 할 수 없는 상황이었지요.

"아직 계획하지 못하고 있습니다."

"그러면 저희 건물 지하에 태권도장으로 사용하던 장소가 있는데 꽤 넓습니다. 지금 공실이니 괜찮으시면 그곳을 새벽예배와 교회 모임 공간으로 사용하면 어떠실까요? 물론 사무실과 같이 임대료 없이 매달 관리비만 내시면 됩니다."

'이게 무슨 일인가?'

성령의 감동을 따라 순종하는 걸음에서 만나는 하나님은 참으로 놀랍고 위대하셨습니다.

그렇게 주중 모임 장소도 정해졌습니다. 그리고 약 한 달간 최소한의 공사를 하고 나니 넉넉하고도 따뜻한 예배 장소가 마련되었습니다. 사무실과 제가 설교를 준비할 작은 방까지 갖추게 되었고요. 믿음으로 시작한 걸음이었지만, 하나님은 다 예비하고 계셨습니다. 교회 예배 장소와 사무실까지도.

성령의 감동, 하나님의 지혜

그런데 얼마 지나지 않아 지금껏 한 번도 겪어보지 못한 차원의 어려움이 찾아왔어요. 바로 '코로나19 팬데믹'의 확산이었습니다. 교회를 개척하고 두 달 만의 일이었어요. 교회가 활기를 찾고

'이렇게 성장하는구나' 싶었는데, 코로나로 현장 예배가 불가능해진 겁니다. 어찌나 당황스럽던지요. 결국 교회에서 2년 6개월 동안 공식적인 모임을 하지 못했어요. 처음에는 얼마나 당혹스럽고 마음이 어려웠는지 모릅니다.

그런데 돌아보니 다 하나님의 신묘막측한 이끄심과 은혜였습니다. 교회 개척을 준비할 때 하나님께서 몸만 나오라고 하셨지요. 어떤 지원 없이 믿음으로 걸으라고 도전하셨어요. 처음에는 하나님께 서운한 마음도 있었습니다. 그런데 만약 교회의 지원을 받아 어느 곳이든 갔다면, 코로나19로 모이지 못하는 기간의 임대료를 감당해야 했을 거예요.

그런데 가진 게 아무것도 없으니 하나님께서 그 상황에 최선을 허락해주셨어요. 최소한의 비용으로 교회를 개척하게 하신 거지요. 그래서 코로나에도 교회에 재정적 타격이 없었어요. 오히려 장소 대관 비용을 절약하면서 교회 재정이 튼튼해졌습니다. 또한 전혀 예상하지 못한 곳에서 재정 후원이 풍성하게 일어났어요. 요즘 같은 시대에 누가 강남에서 아무 지원 없이 개척하느냐며, 감동받은 사람들의 지원이 이어졌지요.

그러나 아직 개척 후 교회 정체성도 갖추지 못한 상태에서 온라인으로만 만나야 하는 성도가 걱정이었어요. 교회 개척 초기에 많은 성도가 정착하지 못하고 떠난다고 들었거든요.

그래도 온 성도가 기도하면서 하나님이 주시는 감동으로 개척

교회에 함께해주었어요. 그러다 보니 흔들림이 없었습니다. 온라인으로 예배를 드리는 중에 교회도, 담임목사인 저도 전혀 알려지지 않았는데 오히려 새신자가 늘었습니다.

코로나19 종식으로 현장 예배를 시작하는데, 교회가 두 배로 성장해 있었습니다. 제 계산기보다 하나님의 계산기가 월등함을 다시금 깨달았어요.

아무것도 염려하지 말고 다만 모든 일에 기도와 간구로, 너희 구할 것을 감사함으로 하나님께 아뢰라 그리하면 **모든 지각에 뛰어난 하나님의 평강**이 그리스도 예수 안에서 너희 마음과 생각을 지키시리라 빌 4:6,7

하나님의 평강은 "모든 지각에 뛰어난 하나님의 평강"입니다. 하나님의 이끄심 안에서 누리는 평강이 세상 그 어떤 지각보다 뛰어나다는 거예요. 내가 아무리 지혜를 동원해서 머리를 쓰고 계획한들 하나님의 평강에 비하면 '잔머리'일 뿐입니다. 그래서 그 평강을 얻기 위해 우리가 꼭 해야 할 것이 무엇인가요? 아무것도 염려하지 말고, 오직 기도와 간구로 하고, 감사함으로 나아가는 것입니다.

우리 삶에 아무리 노력해도 하늘의 도움 없이는 도무지 풀리지 않는 어려움을 만날 때가 반드시 찾아옵니다. 그때는 어떻게 이

거내야 할까요?

> 내가 산을 향하여 눈을 들리라 나의 도움이 어디서 올까 나의 도움은 천지를 지으신 여호와에게서로다 시 121:1,2

눈을 들어 하나님께 믿음의 시선을 맞춰야 합니다. 그럴 때 가장 안전하고 든든한 길에 서게 될 거예요. 제가 만약 교회 개척 과정에서 성령의 감동을 잘못 받았다고 해도 절대 후회하지 않았을 거예요. 실제로 잘못 알고 고생한 적이 한두 번이 아니었습니다. 그러나 그 과정을 통해 말씀 속에서 하나님을 배우고, 기도 가운데 하나님의 성품을 누리며 영적 노하우가 쌓이더군요.

제가 청년들에게 자주 하는 말이 있습니다.

"내 머리로 성공하는 것보다 하나님의 뜻을 구하며 성령의 감동을 따르다가 실패하는 걸음이 더 값지다."

맞아요. 그렇게 성령의 감동에 순종한 걸음을 하나님이 책임져주십니다. 내 이성과 지혜를 붙잡지 마세요. 성령의 감동 안에서 누리는 하나님의 평강이 최고임을 경험하길 바랍니다. 하나님은 여전히 살아 계시고, 지금도 역사하시는 능력의 하나님이십니다.

4장

성령의 감동을 따라
내딛는 새로운 발걸음

인생 말씀

20대에 하나님께서 제 마음에 심어주신 말씀이 있습니다. 베드로가 무두장이 시몬의 집 지붕에서 기도할 때 일이 담긴 사도행전 10장 말씀이에요.

베드로는 하늘에서 부정한 짐승들이 담긴 보자기 같은 그릇이 내려오는 환상을 봅니다. 하나님은 베드로에게 잡아먹으라고 명령하시고, "하나님께서 깨끗하게 하신 것을 네가 속되다 하지 말라"라는 음성이 들립니다(행 10:15).

이 환상은 당시 유대인이 부정하게 여기던 이방인에게도 복음이 열린 것을 보여주는 강력한 계시였습니다. 그 환상을 보자마자 이방인 고넬료가 보낸 하인들이 베드로에게 찾아옵니다.

저는 이 말씀을 묵상하다가 성령의 강한 감동을 받았어요.

'태재야, 네게도 내가 보내는 사람이 찾아오는 날이 올 거야.'

이 감동 후에 이 성경 말씀이 계속 맴돌았고, 제 마음에 심겼지요. 그런데 제가 40대 중반이 되도록 누구 하나 찾아오지 않더군요. 오히려 제가 먼저 찾아가고 두드려야 했어요. 그런데도 계속 그 말씀이 떠오른 겁니다.

'나를 찾아오는 사람….'

그래서 저는 사도행전 10장을 '인생 말씀'이라고 말해요. 이루어지지 않아도, 결국 이루어질 말씀이라며 마음에 새기고 있었지요. 그런데 교회 개척을 하면서 그 약속의 말씀이 이루어졌습니다. 교회에 성도가 찾아오고, 저를 돕기 위해 하나님이 보내신 사람들이 찾아오기 시작했어요.

성도에게는 인생 말씀이 있어야 합니다. 그리고 그 말씀을 마음에 품으세요. 때가 되면 그 말씀을 주신 하나님께서 열매 맺게 하실 것입니다.

내 아들아 내 말에 주의하며 내가 말하는 것에 네 귀를 기울이라 그것을 네 눈에서 떠나게 하지 말며 네 마음속에 지키라 그것은 얻는 자에게 생명이 되며 그의 온 육체의 건강이 됨이니라 잠 4:20-22

우리는 말씀을 얻는 자가 되어야 합니다. 그 말씀이 생명이 되고, 영육을 강건하게 하는 힘이 되기 때문입니다.

하나님의 은혜와 이끄심으로

교회 개척 후 5개월쯤 코로나로 모임이 제한된 채 새벽예배가 진행되고 있었어요. 어느 날 새벽예배를 마치고 기도하는데 성령께서 제 마음에 심어주신 것이 있었어요.

'네게 건물이 예비 될 거야.'

저는 교회를 개척하면서 건물을 달라고 기도하거나 하나님께 무언가를 달라고 구한 적이 한 번도 없었어요. 그런데 그날 새벽에 성령님이 너무 강하게 그 마음을 주시는 거예요. 기도하면서 계속 마음을 확인해봐도 그 감동이 여전했어요.

그날따라 새벽기도를 마치고 교회 근처 콩나물 해장국집에서 장로님과 권사님 두 분을 모시고 식사를 했어요. 그런데 아무래도 하나님께서 주신 마음을 나눠야겠더라고요. 물론 아닐 수도 있고 제가 잘못 받았을 수 있지만, 그래도 혹시 하나님께서 주신 마음이 맞는다면 이 일에 증인 될 사람이 필요하다는 생각이 들었어요. 그래서 밥을 먹다가 조심스레 그 이야기를 꺼냈습니다.

"두 분께 드릴 말씀이 있어요."

"네, 목사님. 어떤 말씀이세요?"

"뜬금없이 들려도 우선 들어주세요. 두 분이 제 이야기의 증인이 되어주셔야겠습니다."

그러자 두 분이 제 말에 집중하기 시작했어요.

"오늘 아침에 기도하는데, 하나님께서 제게 건물을 준다고 하셨어요."

그러자 두 분은 "아, 네…" 하고 말없이 국밥을 드셨어요. 어느 정도 가능한 말이여야지, 터무니없는 말을 들으니까 할 말이 없었던 거예요. 충분히 이해되었어요. 저라도 그랬을 거예요. 저도 말해놓고 한편으로는 무안하더라고요. 그리고 그때 일은 잊고 지냈습니다.

내려놓음

순전한교회는 코로나로 잘 모이지 못했어도, 그 어려움이 오히려 하나님이 일하시는 통로가 됨을 경험하며 감사한 걸음을 이어갔습니다. 그렇게 성장하다 보니 장소에 한계를 느꼈습니다. 사실 주일 아침마다 아트홀에 음향과 영상 장비를 준비하고 예배 장소로 세팅하기 위해 몇몇 성도가 새벽 6시 30분부터 나와야 했어요. 교회학교 장소도 매주 세팅해야 하는 번거로움이 있었지요.

예배를 마치고 나면 장소를 원래대로 돌려놓기 위해 조직적으로 일사불란하게 움직였어요. 이 일을 섬기던 성도는 자신들을 '순전한 익스프레스'라고 부르며, 매주 땀을 뻘뻘 흘리는 수고를 마다하지 않았습니다. 그런 섬김과 수고가 무척 감사했지만, 성도 간의 교제가 부족한 게 아쉬웠어요. 예배를 마치면 성도 모두

서둘러 자리를 떠나거나 정리하느라 바빴지요.

게다가 성도가 계속 늘어나 예배 공간도 부족했습니다. 여기저기서 새로운 예배 장소를 알아봐야 한다는 이야기가 나왔고, 성전 이전을 위한 팀을 구성하게 되었습니다.

그런데 알아볼수록 상황이 막막하더군요. 성장한 규모에 맞는 예배 공간을 알아봤더니, 지금 있는 강남은 감히 넘볼 수 없는 곳이었습니다. 강남의 건물은 공실이 있어도 건물 가치가 떨어질까 봐 절대 가격을 내리지 않았어요. 그러다 보니 우리 상황과 수준에서 갈 수 있는 곳이 없었습니다. 그 과정에서 기적처럼 찾았나 싶었지만, 결국은 제자리였습니다. 그러면서 우리 힘으로 교회 이전은 어렵다는 현실을 체감했습니다.

우리가 아무리 노력해도 해결할 수 없는 문제를 만난 거예요. 이런 상황은 '기도하라'는 하나님의 신호이기에 기도를 시작했어요. 하나님의 뜻이 어디 있는지 묻기 시작한 거지요. 그런데 기도 가운데 이런 마음이 드는 거예요.

'지금까지 순전한교회는 전적인 하나님의 은혜와 이끄심으로 걸어왔는데, 지금 내가 환경에 위축되는 게 맞나?'

이 질문 앞에서 기도하는 가운데 결심했어요.

'장소가 불편하다고 움직이지는 말자! 교회 이전은 하나님이 허락하셔야 가능한 일이다. 정말 옮겨야 할 때가 온다면 하나님께서 길을 여실 것이다! 그러니 모든 마음을 내려놓고 더 전심으

로 예배하고, 더욱더 주님이 기뻐하시는 일에 집중하자!'

그때부터 이 결심대로 나아갔습니다. 모든 조급함과 인간적인 기대를 내려놓았어요. 성전 이전 모임도 그만두었습니다. 장소 문제는 오직 하나님께 맡기고, 저는 하나님 앞에서 해야 할 일에 최선을 다하려고 애썼어요. 그러니 더 감사하고 행복했습니다.

하나님의 시험

2023년 12월 29일 금요일, 그날을 정확히 기억합니다. 생각지도 못했던 작은 일이 불씨가 되어 교회 전도사님과 관계가 갑자기 어려워지고 말았어요. 아끼던 전도사님이었는데, 뜻밖에도 제게 무례한 태도를 보이며 넘지 말아야 할 선을 넘어버린 겁니다. 아무리 생각해도 도무지 이해할 수 없는 일이었어요.

이틀 뒤면 주일예배와 송구영신예배를 드려야 하고, 새해 특별새벽예배로 가장 바쁘고 정신없는 시기였습니다. 그런 때 이런 불화가 생기니 너무 당혹스럽고, 무엇보다 마음이 아팠습니다.

그 전도사님과 다시 얼굴을 마주하며 사역을 이어갈 자신이 없었어요. 그런데 아무리 생각해도 이상했어요. 시간이 지나도 마음이 불편한 것보다 '뭔가 이상하다'는 생각을 지울 수 없었습니다.

'이상하다. 이렇게까지 어려워질 일이 아닌데, 왜 갑자기 이런

일이 생겼을까…?'

그렇게 기도하던 중, 문득 '이런 일이 일어난 이유가 있겠다'는 생각이 스쳤어요.

다음 날 저녁, 그 전도사님의 사모님으로부터 장문의 사과 문자를 받았습니다. 사역을 계속하게 해달라는 게 아니라, 이대로 그만두는 건 사역자의 도리가 아니기에 용서를 구한다는 메시지였지요. 그리고 주일 새벽에 당사자인 전도사님에게 문자가 왔는데, 자신이 한 잘못을 뉘우치며 진심으로 용서를 구하는 내용이었어요. 그 문자를 보는 순간, 성령께서 강하게 감동하기 시작했어요.

'그를 용서하고, 다시 기회를 주고 품어라!'

저는 즉시 그 감동에 반응했습니다.

'네, 주님, 용서하겠습니다. 함께 사역하며 사랑하겠습니다!'

그렇게 고백하는 순간, 제 머릿속에 박하사탕을 넣은 것처럼 시원함이 밀려왔어요. 조금 이상하게 들릴지 모르지만, 이보다 더 정확한 표현은 없을 것 같아요.

그 복잡하고 상한 마음이 용서와 사랑을 선택한 순간, 완전히 바뀌었습니다. 제 안에 감사와 찬양이 흘러나오고, 평안이 임했어요. 바로 그 전도사님에게 연락해서 1부 예배 후에 사모님과 함께 만나자고 했습니다. 전도사님 부부는 오자마자 무릎을 꿇었고, 저는 바로 일어나시라고 말했어요.

"전도사님, 왜 그랬어요? 제가 얼마나 아끼고 사랑하는데… 앞으로는 그러지 마세요. 그리고 우리 계속 함께 갑시다. 앞으로 이런 일 없게 서로 사랑하며 섬겨요."

그 순간, 그 자리는 눈물바다가 되었어요. 너무나 깊은 하나님의 사랑이 우리 마음을 녹이고 하나 되게 하는 시간이었지요.

그날 밤 2024년을 맞이하는 송구영신예배를 드리는데, 특별한 은혜가 임했어요. 그 예배는 제 기억에 오래 남을 만큼 뜨거운 하나님의 임재로 가득했습니다.

그때는 왜 그런 당황스러운 일이 일어났는지 몰랐지만, 며칠 뒤 한 분이 찾아와 그 이유를 짐작하게 되었습니다. 그건 아마도 '찾아옴의 은혜'가 임하기 전에 하나님의 시험이었던 것 같아요.

찾아옴의 은혜

2024년 1월 2일 화요일 아침이었어요. 일원동 사무실과 주중 예배 공간을 허락해주신 고마운 분이 우리 교회에 등록하고 집사님이 되셨지요. 그 집사님이 제게 물으셨습니다.

"목사님, 새 예배 장소는 알아보셨나요? 어디 정해진 곳이 있을까요?"

"집사님, 지금 당장 갈 수 있는 곳이 없는 게 현실입니다. 이 일은 하나님이 하셔야 할 일이라고 생각합니다. 그래서 하나님께

맡기고 저는 사역에 집중하고 있습니다."

잠시 생각하던 집사님이 말을 이어가셨습니다.

"목사님, 제가 이 근처에서 스포츠센터를 운영하는데, 꽤 넓고 층고도 높습니다. 그런데 조만간 스포츠센터를 정리하고 학원을 열려고 합니다. 혹시 그 공간의 일부를 교회에서 임대해 사용하는 건 어떠신가요?"

집사님이 말한 장소는 강남의 한 지하철역과 바로 연결된 건물 3층의 아주 넓은 공간이었습니다. 교통도, 환경도 훌륭한데, 무엇보다 교회가 감당할 정도로 임대료도 조정해주신다는 거예요. 얼마나 감사한 일인가요. 그렇게 이야기를 나누고 저도 기도하는 시간을 가졌습니다.

그런데 2주 후, 그 집사님이 다시 찾아와 말씀하셨어요.

"목사님, 아무리 생각해도 교회를 이전하면 계속 성장할 것 같습니다. 그리고 제가 구상하는 학원도 규모가 커질 것 같고요. 그러다 보면 서로 불편한 상황이 올 것 같습니다."

'아, 지난번에 한 말을 없던 일로 하려나 보다….'

이런 생각이 들어서 마음의 준비를 하고 있었어요. 그런데 집사님이 뜻밖의 이야기를 들려주셨어요.

"그래서 제가 준비 중인 학원은 다른 곳으로 알아보겠습니다. 그러니 교회가 그 장소 전체를 사용하면 어떻겠습니까?"

저는 너무 놀라기도 했고, 또 전체를 사용하는 건 감당할 수 없을 것 같아 쉽게 대답할 수 없었지요. 그런데 집사님의 그다음 말이 더 놀라웠어요.

"목사님, 정말 신기하게도 제가 혼자 있을 때 계속 귀에서 소리가 납니다. 한두 번이 아니라 계속 들립니다."

"무슨 소리가 나세요, 집사님?"

"교회에 줘라! 교회에 줘라!"

사실 그 집사님은 신앙생활을 아주 열심히 하는 분은 아니었어요. 그런데도 귀에서 계속 그런 소리가 들린다는 거예요. 그러면서 중요한 이야기를 해주셨습니다.

"목사님, 안 되겠습니다. 교회에서 그 건물을 매입하는 게 좋겠습니다."

듣는 순간 너무 당황스러웠어요. 그곳은 계약 면적만 약 1,500평에 달했고, 강남의 지하철역과 연결된 건물이었으니까요. 주변은 주택 단지와 학교뿐이고, 재건축이 한창 진행되는 지역이니 얼마나 비싸겠어요. 그래서 제가 집사님에게 말했습니다.

"우리가 어떻게 그 공간을 삽니까? 가격이 어마어마할 텐데요. 불가능합니다, 집사님!"

"목사님, 제가 그걸 왜 모르겠습니까? 교회가 감당할 금액으로 드리겠습니다."

그러면서 집사님이 아주 낮은 금액을 제시하셨습니다. 듣는 순간, '이 정도라면 가능할지도 모르겠다' 싶은 생각이 들었어요. 마치 뭔가에 이끌리는 듯했습니다. 건물을 임대하는 것도 아니고, 한 층 전체를 매입한다는 건 상상도 해본 적 없는 일이었습니다.

이 일을 논의하기 위해 교회 운영위원회가 모였습니다. 모든 과정을 자세히 나누자 운영위원들이 믿을 수 없다며 고개를 저었습니다.

"목사님, 다른 저의가 있을지 모르니, 더 자세히 알아봐야 합니다."

"아무래도 이상합니다. 정말 이런 일이 있을 수 있을까요?"

그들의 반응이 이해되었어요. 그러면서도 과연 우리에게 얻을 게 뭐가 있다고 그 집사님이 이런 제안을 하겠나 싶어서 설명하고 또 설명했지요. 매각을 제안한 집사님은 주위에서 이상하다며 말이 많아지니까 오히려 비용을 들여 건물 전체를 '종교시설'로 변경해주셨습니다. 이 또한 너무 놀라운 일이었습니다.

이후 마음이 하나 되어 이 일을 교회와 상의하자고 의견을 모았습니다. 장로님들과 교회 재직과 성도에게 이 상황을 알리고 의견을 구했는데, 대부분 강남의 땅값과 건물 시세를 잘 알기에 만장일치로 매입을 결정했습니다. 그러자 모두 손뼉을 치며 환호했지요.

그리고 한 달 후, 2024년 2월 6일에 드디어 매매 계약을 맺었습니다. 계약금은 지금까지 교회가 은혜로 모아둔 재정으로 감당할 수 있었어요. 그렇게 '순전한교회의 새로운 공간이 생기나 보다' 하고 감격했습니다. 문득 2020년 5월, 성령께서 감동으로 제게 주셨던 생각이 떠올랐어요.

'네게 건물을 줄 거야.'

저는 잊고 있었는데, 하나님은 제게 주신 성령의 감동으로 씨를 뿌리신 거예요. 그리고 자라게 하시며 마침내 열매 맺게 하셨지요. 순전한교회는 그렇게 새로운 예배 공간을 얻었고, 매매 계약을 하던 순간은 축제였어요. 그런데 예상하지 못했습니다. 그 다음에 펼쳐질 어려운 상황들을….

길이 보이지 않을 때

건물 매매 계약을 마쳤으니 다음은 매입을 위한 잔금이 필요했습니다. 그런데 세상 이치를 잘 모르던 저는 걱정조차 안 했어요. 게다가 그 성도도 이런 큰 규모의 계약을 경험해 본 적이 없다 보니 누구도 예상하지 못했어요.

저는 워낙 값나가는 장소를 저렴하게 매입했으니 잔금은 은행 대출로 감당할 수 있으리라 기대했습니다. 그래서 서두르지 않았고, 그저 당연히 될 줄 알았습니다.

그리고 돈 걱정을 하기보다 예배와 사역에 집중하는 것이 옳다고 여겼어요. 그렇게 시간이 흘러 은행 대출을 본격적으로 알아봐야 할 시기가 다가왔습니다.

그런데 은행에서 대출을 알아보다가 충격적인 사실을 알게 되었습니다. 건물을 담보로 대출할 때 그 건물의 가치가 기준이 아니라, 매매가가 기준이라는 것을요. 저는 건물 가치가 상당히 높으니 그 기준으로 대출받으면 되겠다고 생각했는데, 실제로는 매매가 기준이라 많아야 그 금액의 절반 정도밖에 안 된다고 했어요.

그렇게 계산해보니, 우리 교회가 필요한 금액은 대출 기준금의 약 94퍼센트였어요. 한마디로 대출이 불가능한 상황이었습니다. 게다가 큰 금액을 대출받으려면 교회 역사가 있어야 하고, 어느 정도 규모와 신용을 갖추고 있어야 했어요. 즉, 교회를 신뢰할 신용이 필요했지요. 그런데 순전한교회는 개척한 지 얼마 되지 않은, 막 성장하는 교회였어요. 그중 절반의 시간은 코로나로 모이지도 못했고, 담임목사인 저 역시 세상적으로 알려지지 않았기에 그야말로 앞이 캄캄했습니다.

게다가 교회의 상황이 특수했어요. 시세보다 한참 낮은 가격으로 매입하다 보니 오해의 소지가 있었고, 이 상황을 설명할 수 있는 사람은 담임목사인 저뿐이었어요. 그러다 보니 은행 담당자들을 직접 만나 한참 설명하고 설득하는 일을 제가 도맡아야 했지요.

시중 은행 중에 가보지 않은 곳이 없을 정도였어요. 상황을 들어보면 가능성이 보인다며 긍정적으로 알아보다가도 "결국은 어렵다"라는 말을 듣기 일쑤였지요.

목회자인 제가 뭘 알겠어요. 그러다 보니 만나서 설명하는 것도 많은 에너지가 필요했어요. 계속 "안 됩니다"라는 이야기를 듣는 게 얼마나 힘들던지요. 솔직히 저는 교회를 개척할 때보다 이때가 더 힘들었던 것 같아요. 이런 상황에서 계속 말씀을 전해야 했고, 목회에 최선을 다해야 했습니다. 도무지 길이 보이지 않았고, 어찌할 바를 몰랐지요.

또다시 임한 찾아옴의 은혜

그러다 5월쯤, 어느 주일 저녁이었습니다. 예배를 마치고 집에 있는데, 한 통의 전화가 걸려왔습니다. 처음 보는 번호였어요. 누군가 싶은 마음으로 전화를 받았습니다.

"여보세요, 이태재 목사님이신가요?"

"네, 맞습니다. 그런데 누구신가요?"

"네, 저는 규장 출판사 대표 여진구라고 합니다."

"네…?"

갑작스러운 전화에 잠시 머뭇거리고 있는데, 여 대표님의 목소리가 이어졌어요.

"목사님, 제가 목사님 설교를 6개월 전부터 온라인으로 듣고 있습니다. 그리고 얼마 전에 하나님께서 너무나 분명하게 제게 사인을 주셨습니다. 목사님을 뵈면 좋겠는데, 시간이 괜찮으실까요?"

또 누군가가 '찾아오는 은혜'가 임한 거예요. 이 또한 무슨 일인가 싶었어요.

며칠 후 규장 출판사에 방문해 여 대표님과 한참 동안 이야기를 나누었습니다. 첫 만남이었지만, 편안하고 깊은 나눔이 이어졌어요. 그리고 그해 10월에 제 첫 책, 《하나님만 바라보는 시간》을 출간하게 되었습니다. 아무리 생각해도 전혀 알려지지 않은 제가 규장에서 책을 출간하는 상황이 놀라웠습니다.

책이 출간되자 〈국민일보〉에서 인터뷰를 하고 싶다는 연락이 왔고, 신문에 순전한교회 개척 이야기를 담은 기사와 교회 광고가 크게 실렸습니다. 책이 출간될 즈음 드디어 한 은행이 교회 건물 대출에 적극적으로 나서주었어요. 그러다 대출 심사관들과 만나는 자리에서 심사관이 질문했어요.

"다른 건 다 알겠습니다. 그런데 시작한 지 얼마 되지 않은 교회인데, 이 교회의 건강한 성장을 증명할 만한 것이 있나요?"

그래서 자연스럽게 막 출간된 책을 선물로 드렸어요. 그리고 〈국민일보〉 기사를 보여주었습니다. 그러자 심사관이 고개를 끄덕이는 거예요. 너무나 절묘한 하나님의 타이밍이었어요. 공교롭게도 그 시기에 규장에서 전화가 왔고, 가장 필요한 때 책이 출간되면서 교회를 알리고 대출의 문이 열리기 시작한 거예요. 이 신묘막측한 일들을 어떻게 다 표현할 수 있을까요!

당시 주일예배 시간에 사도행전 말씀을 나누고 있었는데, 교회의 상황이 성령의 이끄심을 경험하고 있어서 더 확신 가운데 말씀을 전할 수 있었습니다.

찾아옴의 은혜는 여기서 멈추지 않았습니다. 대출을 진행하던 은행에서 연락이 왔어요. 마지막으로 교회를 확인하겠다더니, 한 심사관을 교회 주일예배에 보내겠다는 거예요. 그 심사관이 예배에 참석해서 교회의 성장 가능성을 보고, 대출을 최종적으로 결정하게 될 거라고 했습니다.

대출 심사관이 교회에 와서 예배를 드려 보고 대출을 결정한다니요. 처음 이 이야기를 들었을 때는 눈앞이 아득했습니다. 그 대출 심사관이 교회에 와서 마음에 들면 대출이 진행되고, 마음에 들지 않으면 대출이 성사되지 않는 거예요. 그러면 우리는 다른 대안이 없었어요. 계약금을 다 냈는데, 나머지 매매 대금을 내지 못하면 계약이 파기되는 거였지요. 얼마나 긴장이 되겠어요.

그리고 그날이 왔어요. 은행 심사관이 교회에 와서 예배를 드렸어요. 주일 아침 하늘이 그날따라 노랗게 보였습니다. 게다가 우리 교회 주일예배는 찬양을 열정적으로 하고, 말씀 후에 통성으로 기도하는 시간이 있어요. 그래서 전통적인 예배가 익숙하다면 당혹스러울 수 있었어요. 그러다 보니 예배 전에 마음이 한동

안 복잡한 거예요. 그래서 간절히 기도했습니다.

당시 성령께서 주시는 감동은 어느 때보다 주님만 바라보며 최선을 다하라는 거였어요. 그래서 저는 그 심사관을 신경 쓰지 않기로 했어요. 그저 열정적으로 말씀을 전하고, 뜨겁게 기도했지요. 그렇게 예배를 마쳤습니다.

그런데 생각지도 못한 일이 일어났어요. 그 심사관과 가족이 함께 우리 교회에 등록했습니다. 심사관도 교회를 찾고 있었고, 특별히 강해 설교를 하는 말씀 중심의 교회를 찾고 있었는데, 순전한교회가 그런 교회여서 좋았다는 거예요. 특히 심사관의 아내가 예배 가운데 은혜를 많이 받았다고 했어요.

그 후에도 여러 우여곡절이 있었지만, 그래도 심사관의 도움 아래 대출이 이루어졌고, 2025년 2월 7일에 매매금을 지급해 순전한교회 소유로 장소가 확정되었습니다.

그리고 순전한교회의 새로운 처소에서 10월 마지막 주에 예배하는 것을 목표로 공사를 진행했어요. 이 과정에서도 하나님은 끊임없는 만남의 축복을 허락해주고 계십니다.

물론 아직 우리 교회는 시작점에 있습니다. 지금까지는 순전한교회가 나아갈 걸음의 시작점이라고 생각해요. 그런데도 교회가 세워지고 앞으로 나아가는 과정에서 선명한 하나님의 이끄심이 성령의 감동을 따르는 가운데 부어졌어요.

저는 이 모든 일의 시작이 '성령의 감동을 따르는 시간'을 삶에서 누리면서 이루어진 일이라고 확신합니다. 성령의 감동을 누리며 살아갈 때 경험하는 은혜는 너무나 분명합니다.

> 무릇 하나님의 영으로 인도함을 받는 사람은 곧 하나님의 아들이라
> 롬 8:14

예수 그리스도를 믿고 구원받은 성도라면 누구나 하나님의 자녀가 됩니다. 그리고 하나님의 자녀는 하나님의 영, 곧 성령으로 인도함을 받으며 살아갑니다. 성령의 인도하심은 단지 성경을 읽고 해석하는 데 그치지 않습니다. 성경은 성령의 인도하심이 어떤 역사를 일으키는지 상세하게 알려주지요.

그러나 생각보다 많은 사람이 성령의 감동을 따라 살아가는 삶을 막연하게 생각합니다. 그런 삶은 믿음이 뛰어난 목사님이나 선교사님같이 특별한 사람들에게나 임하는 역사라고 생각해요. 하지만 결코 아닙니다. 그건 구약적인 생각입니다.

성령의 감동을 따르는 일은 모든 성도에게 일상이 되어야 합니다. 그리고 그 삶을 살아내도록 교회는 끊임없이 도전하고, 성도도 도전받아야 하지요.

이제 성령의 감동을 따르는 삶을 어떻게 살아낼 수 있는지 성경을 바탕으로 나눌 것입니다. 우리가 배워서 알고, 삶에서 반드시 누려야 하기 때문입니다.

2부

성령의 감동 이해하기

5장

'성령의 감동'이라고 말하는 이유

왜 '성령의 감동'이라고 할까?

이 책에서는 "하나님의 음성을 듣는다", "하나님께서 말씀하셨다"라는 표현은 되도록 피할 것입니다. 오해를 불러일으킬 만한 표현이기 때문입니다. 100퍼센트 신뢰할 수 있는 하나님의 말씀은 오직 성경뿐입니다. 만약 자신이 받은 성령의 감동을 "하나님이 말씀하셨다"라고 한다면, 그 말에 하나님의 권위가 실리고 맙니다. 십계명 중 세 번째 계명을 보세요.

너는 네 하나님 여호와의 이름을 망령되이 일컫지 말라 나 여호와는 내 이름을 망령되이 일컫는 자를 죄 없는 줄로 인정하지 아니하리라

신 5:11

여호와의 이름을 망령되이 일컫는 행위가 무엇인지 명확히 알아야 합니다. 이는 하나님의 이름으로 사적 욕망, 거짓말, 위선에 근거한 맹세를 금하라는 것입니다. 왜 하나님께서 이런 계명을 주셨을까요? 자기 말을 정당화하고 신뢰를 얻기 위해 하나님의 이름으로 맹세하는 이들이 많았기 때문입니다.

"하나님의 음성을 들었다"라는 말이 갖는 권위와 무게를 알아야 합니다. 저도 참 난감할 때가 있습니다. 누군가 "하나님께서 말씀하셨다"라고 하면서 뭔가 하려고 하는데, 아무리 응원하는 마음으로 보려고 해도 '이건 아닌데…' 싶을 때가 종종 있습니다. 들으면서도 불안하고 안타까울 때가 있어요.

그리고 하나님께서 말씀하셨다고 하면, 그에 반하는 어떤 의견도 내놓을 수가 없습니다. 이 말이 갖는 권위 때문이지요. 하나님께서 말씀하셨다는데, 누가 감히 반대할 수 있을까요.

아주 극단적인 예지만, 제가 청년 사역을 할 때 한 청년이 찾아와 말했어요.

"하나님께서 OO 자매가 제 아내가 될 여자라고 말씀하셨습니다."

그런데 아무리 봐도 그 자매가 형제의 마음을 받아들일 것 같지 않았어요. 그래서 조심스럽게 물었습니다.

"정말 하나님께서 그렇게 말씀하신 게 맞아?"

그랬더니 '맞다'는 겁니다. 자신이 그 자매 뒤에서 찬양하면서 하나님께 기도했다는 거예요.

'하나님, 이 자매가 제 배우자가 될 사람이라면, 지금 오른손을 올리고 찬양하는 모습을 보게 해주세요.'

그랬더니 갑자기 그 자매가 찬양 중에 오른손을 들었다는 겁니다. 이 말을 들으니 형제가 잘못 들은 게 분명했어요. 성경 속 하나님의 성품과 일하시는 방식이 너무 달랐기 때문이지요. 위험한 지경이었지만, 제가 어떻게 도와줄 수가 없었습니다. 그 형제가 하나님이 말씀하셨다며 자기 마음의 기대를 정당화하고 있었기 때문입니다.

그런데 더 기가 막힌 상황이 펼쳐졌어요. 조심스럽게 말려도 보고 형제에게 더 기도하면서 하나님의 뜻을 확인해보라고 했지만, 결국 형제는 그 자매를 찾아가 고백했습니다. 결과가 어땠을까요. 예상했던 대로 자매가 단호히 거절했습니다.

그러자 더 당혹스러운 일이 벌어지더군요. 거절당한 형제가 '왜 자신에게 자매에 대한 마음을 주셨나요'라고 하면서 하나님을 원망하기 시작했어요.

더 심각한 일도 있었습니다. 남녀가 만났다가 헤어지는데, 한쪽에서 이렇게 말한 거예요.

"기도 중에 당신이 내 사람이 아니라고 하나님께서 말씀하셨어요. 우리, 그만 만나는 게 좋겠어요."

이 얘기를 듣고 얼마나 속이 상했는지 모릅니다. 그 이야기를 듣는 상대는 얼마나 큰 충격을 받았을까요. 좋아했던 사람에게 거절당한 것을 넘어서서 하나님께도 거절당하는 상처를 받고 마는 겁니다.

그때부터 저는 청년들에게 강조했습니다. 교제를 시작하거나 만남을 정리할 때 "하나님께서 말씀하셨다"라고 말하지 말고, "전적인 내 결정이다"라고 말하라고요. 차라리 내가 나쁜 사람이 되어 뺨을 맞더라도 거기에 하나님의 음성을 대입시키지 말라고 했습니다.

물론 어떤 경우에는 하나님께서 말씀하셨을 수 있습니다. 그런데도 "하나님이 말씀하셨다"라는 표현이 갖는 무게와 그로 인한 위험 요소가 있기에 조심하고 또 조심해야 합니다.

우리는 여러 경로로 '하나님의 말씀하심'을 경험할 수 있습니다. 하나님은 지금도 우리 삶 가운데 말씀하시는 분이기 때문입니다. 그러나 우리가 붙잡는 하나님의 음성은 언제나 오류의 가능성이 있습니다. 하나님의 음성을 듣는 우리가 죄성, 곧 연약함, 욕심, 깨어진 마음을 지닌 존재이기 때문입니다.

성경은 완전한 하나님의 말씀이지만, 잘못 해석하면 큰 위험이 따릅니다. 이단이 왜 이단입니까. 하나님의 말씀을 임의로 해석하기 때문입니다. 하나님의 말씀인 성경도 바른 해석과 깊은 이해가 필요한데, 하물며 우리가 '하나님의 음성을 들었다'고 말하는 일은 더욱 신중하고 두려운 마음으로 접근해야 합니다.

사도행전을 강해할 때 성경을 자세히 살펴보니, 의외로 "하나님께서 말씀하셨다"라는 직접적인 표현이 제한적으로 발견되더군요. 오히려 "성령의 감동", "성령께서 이끄셨다"라는 표현이 더 자주 등장합니다. "하나님이 말씀하셨다"라는 표현을 성경조차 조심스럽게 다루는 걸 봅니다.

이 표현은 매우 신중하게 사용해야 합니다. 가능하다면 성령의 감동에 민감하게 반응하며, 그 인도하심을 따라 믿음의 걸음을 걸어야 합니다. 그런 의미에서 "성령의 감동을 따른다"라고 표현하는 것을 권하고 싶습니다.

하나님의 말씀이 울려야 한다

하나님은 말씀하시는 하나님이십니다.

> 땅이 혼돈하고 공허하며 흑암이 깊음 위에 있고 하나님의 영은 수면 위에 운행하시니라 창 1:2

하나님이 천지를 창조하시기 전에 땅은 혼돈하고 공허하며 흑암이 깊음 위에 있고, 하나님의 영이 수면 위에 운행하고 계셨어요. 무질서하고 공허했던 곳이 물로 덮여 있었지만, 동시에 하나님의 영이 운행하고 계셨습니다.

그렇다면 이런 의문이 일어납니다.

'하나님께서 무에서 유를 창조하셨다는데, 이 말씀대로라면 창조 사역을 시작하시기 전에 뭔가 존재했다는 게 아닌가?'

이 부분을 어떻게 이해해야 할까요? 창세기 자체가 창조 역사로 시작됩니다. 1절에서 하나님이 이미 온 우주와 지구를 창조하셨다고 선언합니다. 하나님께서 무에서 유를 창조하신 거지요. 그리고 2절은 구체적인 하나님의 창조 사역이 시작되기 전, 창조된 땅의 초기 상태를 묘사합니다.

구체적인 창조 사역이 시작되기 전에 세상은 "땅이 혼돈하고 공허했다"라고 합니다. '혼돈'은 카오스 상태, 즉 질서가 없었다는 것이고, "공허하다"라는 건 생명체가 존재하지 않는 빈 상태를 의미합니다. "흑암이 깊음 위에 있고 하나님의 영은 수면 위에 운행하시니라"라는 말씀은 지구가 물로 채워져 있고, 어둠만 존재했음을 의미합니다.

실제로 하나님께서 천지를 창조하신 첫째 날, 빛을 창조하시고 빛과 어둠을 '낮'과 '밤'으로 구분하십니다. 어둠은 이미 존재하고 있었던 거예요.

중요한 것은, 세상이 혼돈과 공허와 흑암의 깊음 속에서 물로만 가득 차 있던, 마치 노아 시대에 홍수가 세상을 덮은 것처럼 사람이 도무지 살 수 없는 절망의 상태였지만, 그 위를 하나님의 영이 운행하고 계셨다는 사실입니다.

여기서 "운행하다"라는 단어를 주의 깊게 살펴볼 필요가 있습니다. 원문을 보면 히브리어 '메라헤페트'(מְרַחֶפֶת)로, "떠돌아다니다"라는 의미가 있지만, 문법적으로 보면 "아주 강력한 돌봄 또는 움직임"이라는 뜻이 있습니다.

이 단어가 동일한 형태로 사용된 성경 구절이 있습니다.

> 마치 독수리가 자기의 보금자리를 어지럽게 하며 자기의 새끼 위에 **너풀거리며** 그의 날개를 펴서 새끼를 받으며 그의 날개 위에 그것을 업는 것같이 신 32:11

"너풀거리며"라고 번역된 히브리어가 바로 '메라헤페트'입니다. 독수리가 자기 새끼를 보호하고 돌보기 위해 날개를 치며 맴도는 모습을 묘사할 때 사용되었지요.

창세기 1장 2절에서 세상이 혼돈과 공허로 가득할 때, 하나님의 영이 마치 어미 독수리처럼 너풀거리며 그 위를 감싸고 계셨다는 겁니다. 즉, 하나님께서 세상을 무질서 가운데 그냥 두신 게 아니라 깊은 사랑과 강력한 관심으로 돌보고 계셨다는 거지요. 이처럼 강력하게 주시하시며, 돌보시고, 지키시는 하나님의 역사가 있자 다음과 같은 일이 일어납니다.

하나님이 이르시되 빛이 있으라 하시니 빛이 있었고 창 1:3

하나님께서 말씀하시기 시작하셨어요. 그러자 혼돈하고 공허한 땅에 질서가 임합니다. 이 순서를 반드시 기억해야 합니다.

하나님께서 혼돈하고 공허한 세상을 '메라헤페트' 하시며 강력하게 돌보고 계셨어요. 이후 하나님의 말씀이 세상에 임하며 본격적인 창조 사역이 시작된 거예요. 너무나도 상징적인 장면입니다.

창세기는 이스라엘 백성이 광야에 있을 때 하나님께서 모세에게 감동을 주셔서 하신 말씀이에요. 그렇다면 하나님은 왜 창세기 1장 1절부터 이 말씀을 하셨을까요.

이스라엘 백성의 상태가 그와 같았지요. 그들이 애굽의 노예로 있을 때의 삶이 혼돈과 공허와 흑암으로 가득 차 있었어요. 그런 그들의 부르짖음 위에 하나님의 영이 운행하시며 그들의 아픔을 바라보셨어요. 그리고 그 무질서와 혼돈을 하나님께서 해결하십니다.

어떻게 하시나요? 하나님께서 모세를 통해 이스라엘 백성에게 말씀하기 시작하셨어요. 그러자 이스라엘에 질서가 잡힙니다. 목적이 생기고, 걸음이 분명해집니다. 하나님의 말씀을 통해 자기 자리를 회복해갑니다. 이것이 하나님의 역사입니다.

우리도 마찬가지입니다. 혼돈과 공허와 흑암으로 물든 삶이었지요. 열심히 살아보겠다고 앞만 보며 정신없이 살아왔지만, 정작 우리 마음에 혼돈과 공허만 남지 않았나요. 그런 내 삶에 하나님의 말씀이 울린다면, 그 전제가 분명해집니다.

하나님께서 나를 아시고 먼저 '메라헤페트'하셨다는 거지요. 나를 알고 계셨고, 강력하게 돌보고 계셨다는 거예요. 그리고 때가 되자 내 귀에 하나님의 말씀이 들리기 시작한 겁니다.

하나님께서 우리에게 말씀하시면 소망이 자라납니다. 태초의 세상을 보세요. 아무것도 없던 지구였어요. 사람이 도저히 살 수 없는 세상이었지만, 하나님의 말씀이 시작되자 질서와 보금자리가 만들어졌어요. 우리 인생에서 말씀하시는 하나님을 만나는 것보다 더 중요한 일이 있을까요. 삶에서 말씀하시는 하나님을 기대하고 만나길 바랍니다. 하나님의 음성, 성령의 감동이 들릴 때 소망이 시작됩니다.

저도 그랬어요. 고등학생 때까지 제 삶은 혼돈하고 공허했어요. 그런 제 삶에 하나님의 말씀이 임하자 질서가 생겼습니다. 그것을 분명하게 경험했지요.

우리 삶에 하나님의 말씀이 임해야 합니다. 신앙생활에서 매우 중요한 부분이에요. 그런데 무엇보다 이 성령의 감동, "하나님이 말씀하신다"라는 것이 의미하는 바를 성경적으로 바르게 이해해야 합니다. 잘못 이해하면 성경 말씀을 등한시하고, 하나님의 음성을 들으려는 행위에만 집중하게 됩니다. 그래서 정확하게 알아야 해요.

하나님의 말씀, 성경을 통한 성령의 역사

옛적에 선지자들을 통하여 여러 부분과 여러 모양으로 우리 조상들에게 **말씀하신 하나님**이 히 1:1

히브리서에 따르면, 구약 시대의 하나님은 '말씀하시는 하나님'이셨습니다. 그런데 단순히 말씀하신 게 아니라 여러 모양과 방법으로 말씀하셨다고 합니다. 구약 시대에는 하나님의 말씀이 특별히 선택된 사람들, 즉 왕과 제사장, 선지자들에게 임했습니다. 그들 중에서도 하나님께서 직접 부르시고 세우신 자들만이 하나님의 말씀을 받을 수 있었습니다.

그런데 2절을 보면, 하나님이 말씀하시는 방식이 완전히 달라진 것을 알 수 있어요.

이 모든 날 마지막에는 **아들을 통하여** 우리에게 말씀하셨으니 이 아들을 만유의 상속자로 세우시고 또 그로 말미암아 모든 세계를 지으셨느니라 히 1:2

히브리서는 하나님의 "아들을 통하여" 우리에게 말씀하셨다고 선언합니다. 이는 하나님께서 예수 그리스도를 통해 그분의 뜻과 말씀을 가장 분명하게 드러내셨다는 의미입니다. 예수님을 통해서 믿는 모든 이에게 은혜의 계시를 열어주신 것입니다.

여기서 말하는 "이 모든 날 마지막"은 세상의 끝을 말하는 게 아니라, 하나님께서 예수 그리스도를 이 땅에 보내신 때, 즉 예수님의 초림 이후를 가리킵니다.

선지자를 통해서만 말씀하시던 하나님께서 구약의 마지막 날에 우리에게 보내신 아들 예수 그리스도를 통해 말씀하셨어요. 이 말씀은 우리에게 매우 중요한 진리를 전해줍니다. 바로 히브리서가 말하는 "이 모든 날 마지막"이라는 표현이 핵심입니다.

하나님께서는 더 이상 다른 방식으로 말씀하지 않으세요. 예수 그리스도를 통해 주신 말씀이 하나님의 완전한 최종 계시라는 사실을 선언하신 겁니다.

구약은 예수 그리스도를 향합니다. 구약의 중심 주제는 '오실 메시아, 예수 그리스도'입니다. 그리고 예수님은 성육신하셔서 이 땅에서 하고자 하셨던 모든 말씀을 완성하셨어요. 구약의 말씀이 예수님을 통해 성취된 거예요. 하나님께서는 예수님을 통해 하실 말씀을 다 하셨습니다.

'아들을 통하여 하신 말씀'은 예수님의 공생애 때 하신 말씀만을 의미하지 않습니다. 예수님 자체가 말씀이셨어요.

> 태초에 말씀이 계시니라 이 말씀이 하나님과 함께 계셨으니 이 말씀은 곧 하나님이시니라 요 1:1

태초부터 계신 말씀, 하나님과 함께 계셨고 하나님이신 그 말씀이 바로 예수 그리스도시라는 사실을 분명하게 선포하며 요한복음이 시작됩니다.

예수님이 이 땅에 오셔서 삶으로 보여주신 모든 것이 다 하나님의 말씀입니다. 예수님의 공생애, 십자가 죽음, 부활, 승천에 이르기까지 모든 사역은 단순한 사건의 기록이 아니라 말씀의 실현입니다. 예수님만이 유일한 말씀이세요.

신약성경에는 복음서 외에도 21권의 서신서가 포함되어 있습니다. 그렇다면 이 서신서들은 왜 성경의 일부가 되었을까요? 예수님은 부활하신 후 40일 동안 제자들에게 하나님나라의 일을 가르치셨고, "너희는 이 모든 일의 증인이라"(눅 24:48)라고 말씀하셨습니다. 이후 성령께서 강림하셨고, 성령이 제자들을 감동하고 인도하셔서 예수님의 복음과 그 의미를 깊이 해석하고 선포하게 하셨습니다.

결국 신약의 서신서들은 성령의 감동 아래 기록된 '예수 그리스도의 복음에 대한 증언'입니다. 또한 예수님의 십자가 부활과 구원의 참 의미를 교회와 성도에게 바르게 가르치기 위해 기록된 거예요. 즉, 예수님에 관한 말씀과 그 말씀에 입각한 가르침이 서신서에 담겨 있습니다. 그렇기 때문에 서신서들은 단순한 편지가 아니라, 성령의 감동으로 쓰인 하나님의 말씀으로 인정받아 신약성경의 일부가 되었습니다. 예수님에 관한 진리와 그 말씀에 기초한 교훈이 서신서 안에 담겨 있는 거지요.

이처럼 신약성경은 예수 그리스도의 복음으로 시작되어, 성령의 감동으로 기록되고, 교회를 통해 확증된 하나님의 말씀입니다. 하나님께서 이 과정을 통해 우리에게 구원의 진리를 온전하게 전하신 거예요.

따라서 하나님은 예수 그리스도를 통해 이미 모든 말씀을 전하셨고, 그 말씀이 성경에 온전히 기록됨으로써 계시가 완성되었습니다. 이제 성경 외에 새로운 계시는 없습니다. 히브리서 1장 2절 말씀은 하나님께서 예수 그리스도 안에서 최종적이고 충분한 말씀을 주셨다는 선언입니다. 그래서 오늘날 우리는 "새로운 계시를 받았다"라는 표현을 자제해야 합니다.

예수 그리스도로 충만히 채워진 성경은 우리에게 더 이상의 계시가 필요 없을 만큼 충분한 진리를 담고 있습니다. 구약 시대에는 하나님의 말씀이 선지자들을 통해 제한적으로 주어졌고, 그 계시는 점진적이고 부분적이었기에 더 많은 계시가 필요했지요. 그런데 그 필요가 예수 그리스도 안에서 완전하게 채워진 것입니다.

예수님은 '하나님의 완전한 계시'입니다. 그분 안에 하나님의 뜻과 진리, 구원의 비밀이 모두 담겨 있으며, 그분을 통해 주신 말씀은 마지막이며 완전한 말씀입니다.

그런데 여기서 우리가 짚고 넘어가야 할 부분이 있습니다. 성경이 우리의 기반이요 유일한 기준이 되는 게 맞습니다. 하지만 이 성경 중심의 신앙이 잘못하면 단순히 '성경을 읽는 것'에서 멈출 수 있습니다. 우리의 이성만으로 성경을 바라보려는 한계에 머물 수 있다는 말이지요.

지혜와 계시의 영

우리 주 예수 그리스도의 하나님, 영광의 아버지께서 **지혜와 계시의 영**을 너희에게 주사 하나님을 알게 하시고 너희 마음의 눈을 밝히사 그의 부르심의 소망이 무엇이며 성도 안에서 그 기업의 영광의 풍성함이 무엇이며 그의 힘의 위력으로 역사하심을 따라 믿는 우리에게 베푸신 능력의 지극히 크심이 어떠한 것을 너희로 알게 하시기를 구하노라 엡 1:17-19

하나님께서 예수 그리스도를 믿는 우리 모두에게 "지혜와 계시의 영"을 주신다고 합니다. 물론 하나님께서 '새로운 계시'를 주신다는 의미는 아닙니다. 우리는 이미 예수 그리스도를 통해 완성된 계시를 받은 사람들입니다. 하나님은 그 완성된 계시를 온전히 깨닫고 누릴 수 있도록 성령, 곧 지혜와 계시의 영을 주셨습니다.

그런데 왜 "계시의 영"이라고 표현할까요? 여기서 "영"으로 사용된 헬라어 '프뉴마'(πνεύμα)는 명백히 성령(聖靈, Holy Spirit)을 가리킵니다. 즉, 구약 시대에 하나님께서 선지자들에게 말씀하시고, 모두를 이끄셨던 바로 그 성령님이 지금은 지혜와 계시의 영으로 우리 가운데 오셔서 역사하신다는 거예요.

성경 외에 다른 계시는 없어요. 하지만 성경을 통해 하나님께서 우리를 이끄시는 성령의 역사는 구약 시대에 성령께서 역사하셨던 것처럼 다양할 수 있습니다. 사도행전을 보면, 이미 부어진 복음의 진리로 행할 때 성령께서 얼마나 민감하게 인도하시는지 알 수 있어요.

성령께서 빌립 집사에게 선지자의 글을 읽는 에디오피아 내시를 만나도록 이끄시고, 안디옥 교회에 금식하며 기도하게 하시더니 함께 섬기던 바울과 바나바를 따로 세워 선교 사역을 감당하도록 이끄십니다. 바울에게는 아시아에서 말씀을 전하지 못하게 막으시고 마게도냐로 이끄셨지요. 그 과정에서 하나님은 성령을 통해 매우 다양한 방법으로 이끄셨어요. 이런 이끄심을 '성령의 감동'이라고 이해하는 겁니다.

성령께서 우리 안에서 하시는 사역은 분명합니다. 우리가 하나님을 더욱 깊이 알게 하시고, 그분의 부르심의 소망이 무엇인지, 성도 안에서 준비된 기업의 영광의 풍성함이 무엇인지, 또 우리에게 주신 하나님의 능력이 얼마나 크고 위대한 것인지를 깨닫게 하십니다.

다시 말해, 계시의 영이신 성령께서 완성된 계시의 말씀인 성경을 통해 우리를 진리 가운데 이끄시고, 그 말씀을 생명으로 경험하게 하십니다. 그러므로 성경을 단순히 읽는 데서 그쳐서는 안 됩니다. 말씀이 생명이 되기 위해서는 지혜와 계시의 영, 곧 성령님의 인도하심을 성경 중심으로 이해하는 것이 필요합니다. 성령께서 성경 인물들을 이끄셨던 것처럼 우리 삶을 말씀 위에 굳건히 세워 이끌어가시는 것입니다.

하나님은 여전히 아들을 통해 우리에게 말씀하고 계십니다. 그러나 그 말씀은 성경에 기록된 완성된 계시를 기반으로, 지혜와 계시의 영이 우리 안에 임하셔서 그 말씀을 깨닫고 해석하고 순종하도록 이끄십니다.

그러므로 우리는 "하나님이 말씀하셨다" 또는 "하나님의 음성을 들었다"라는 표현을 조심스럽게 사용해야 합니다. 왜냐하면 그런 표현이 자칫 성경과 동일한 권위를 주장하는 듯한 오해를 낳을 수 있기 때문입니다. "하나님이 말씀하셨다"라는 말은 오직 성경에만 적용되는 절대적 표현입니다.

물론 성령께서는 지금도 우리를 감동하시고, 깨닫게 하시고, 이끄십니다. 그러나 새로운 계시를 주시는 것이 아니라 이미 기록된 계시의 말씀을 우리 삶에 적용하고 살아 역사하게 하시는 사역입니다. 그래서 저는 그것을 '성령의 감동'이라고 부릅니다.

계시 자체는 완성되었고, 성경만이 오류가 없는 하나님의 말씀입니다. 우리가 신앙생활에서 얻는 감동이나 인도하심은 성경을 벗어날 수 없고, 성경의 빛 아래 해석되어야 합니다. 이 진리 안에서 이렇게 정리할 수 있습니다.

- **하나님은 예수 그리스도를 통해 말씀하십니다**
  → 그 말씀은 성경을 통해 완전히 전해졌습니다
  → 이제 지혜와 계시의 영이신 성령께서 그 말씀을 따라 우리를 이끄십니다

이런 지혜와 계시의 영이 우리에게도 필요합니다. 성경은 이 영이 우리 안에 충만히 임하도록 간구하라고 합니다(엡 6:18). 우리는 깨어 기도하며 성령을 사모해야 합니다.

혼돈과 공허와 흑암만 있던 세상에 하나님의 말씀이 선포되자 생명의 역사가 시작되었듯, 오늘 내 삶에도 하나님의 말씀이 울

려야 합니다. 성경을 통한 진리의 말씀에 지혜와 계시의 영이 부어져 다양한 도전과 그에 대한 순종이 우리 안에서 일어나야 합니다.

    하나님은 성령을 통해 그분을 알게 하시고, 부르심의 소망, 기업의 영광의 풍성함, 그분의 능력이 지극히 크심을 경험하게 하십니다. 그러니 제대로 분별해야 합니다. 다시 말하지만, 하나님은 이미 예수님을 통해 모든 말씀을 하셨어요. 그리고 그 말씀을 통해 지혜와 계시의 영을 부으셔서 우리에게 하나님의 풍성하신 뜻을 이루게 하십니다.

6장

성령의 감동은
언제 시작되는가?

하나님과 소통하려면

'소통'은 자신의 생각과 감정, 정보를 서로 주고받으며 이해하는 과정입니다. 단순히 말이나 글을 주고받는 것을 넘어서서 상대의 의도를 올바로 파악하고 자기 생각과 감정을 정확하게 전달하는 전인적 행위지요. 우리는 주로 언어로 소통하며, 표정이나 몸짓 같은 시각적 표현, 어조나 말의 속도, 음색 같은 청각적 요소를 함께 사용합니다. 오늘날에는 다양한 미디어의 발달로 소통 방식이 훨씬 더 넓고 다양하게 확장되고 있습니다.

그렇다면 우리는 어떻게 하나님과 소통할 수 있을까요? 우리는 언어적으로 소통합니다. 성경을 통해 하나님의 뜻을 발견하고, 기도를 통해 입술로 고백하며 하나님께 우리의 생각과 감정을 올려드립니다.

그렇다면 하나님은 우리와 어떻게 소통하시나요? 만약 우리가 성령의 감동을 이해하지 못한다면, 하나님과의 소통은 오직 성경을 읽는 것으로 제한될 것입니다. 다음 장에서 자세히 다루겠지만, 성령의 감동을 따라 성경 읽는 법을 알지 못한다면 우리는 머리로만 성경을 이해하게 되고, 하나님과의 소통 창구 역시 그 수준에 머물게 될 거예요.

그런데 과연 하나님이 그런 제한적 소통만 하실까요. 구약 시대는 죄의 문제가 해결되기 전이라 하나님이 극히 일부 사람들과 소통하셨지요. 그 방법은 어땠나요? 선지자 예레미야가 이런 고백을 했습니다.

> 내가 다시는 여호와를 선포하지 아니하며 그의 이름으로 말하지 아니하리라 하면 **나의 마음이 불붙는 것 같아서** 골수에 사무치니 답답하여 견딜 수 없나이다 렘 20:9

예레미야는 하나님이 주시는 마음이 너무 강력해서 마음이 불붙는 것 같았다고 고백합니다. 그 정도로 하나님은 힘써 말씀하셨어요. 하지만 안타깝게도 하나님과의 소통은 극소수 사람에게만 허락된 제한적 소통이었지요. 이것이 구약 시대의 한계였습니다.

앞에서 말했듯 구약 시대에는 죄 문제가 완전히 해결되지 않았어요. 하나님께서는 그 한계를 너무나 잘 아셨기에 마음 아파하셨습니다. 그래서 때가 차매, 아들을 보내셔서 그 문제를 영원히 해결하셨습니다.

예수님이 십자가에서 돌아가시자마자 하나님께서 하신 일이 무엇인가요?

> 예수께서 큰 소리를 지르시고 숨지시니라 이에 **성소 휘장이 위로부터 아래까지 찢어져 둘이 되니라** 막 15:37,38

성소의 '휘장'은 성소와 지성소를 구분하는 커튼 같은 거였어요. 지성소에는 하나님의 임재를 상징하는 언약궤가 있었고, 대제사장이 1년에 한 번 들어가 하나님의 임재를 경험했지요. 하나님께서 공식적으로 1년에 한 번, 오직 한 사람만 만나시는 소통의 한계가 있었던 겁니다.

그런데 그 제한적 만남이 얼마나 답답하셨는지, 예수님의 십자가 죽음으로 만민을 구원할 길이 열리자마자 성전의 휘장을 위에서 아래로 찢어 버리셨어요.

왜 그러셨을까요? 이제는 극소수와 제한적으로 만나시는 게 아니라, 예수님을 통해 새롭게 회복된 하나님의 백성 모두를 직접 만나시려는 거예요.

하나님이 말씀하시기를 말세에 내가 내 영을 **모든 육체에 부어 주리니** 너희의 자녀들은 예언할 것이요 너희의 젊은이들은 환상을 보고 너희의 늙은이들은 꿈을 꾸리라 행 2:17

성경이 말하는 '말세'는 예수님이 2천 년 전 이 땅에 오신 초림 이후 다시 오실 재림 때까지를 의미합니다. '이미'와 '아직' 사이의 시간입니다. 이 말세에 성령을 모든 육체에 부어 주겠다고 하세요.

구약 시대에는 하나님의 영이 극소수의 특별한, 하나님의 선택 받은 사람에게만 임했는데, 이제 모든 육체에게 부어 주겠다고 하시는 거예요. 그동안 아담의 죄로 인해 하나님과의 소통이 제한적일 수밖에 없었고, 하나님은 너무 답답하신 나머지 예수님이 돌아가시자마자 성전 휘장을 위에서 아래로 찢으셨어요. 예수 그리스도를 통해 구원을 얻는 모든 사람과 소통하기를 원하신다는 하나님의 마음이 확인되는 순간입니다.

이제 하나님께서는 구약 시대처럼 극히 일부에게만 하나님의 영을 주시는 것이 아니라, 예수 믿고 구원받은 모든 사람에게 성령을 부어 주셔서 소통하시겠다는 겁니다.

주의 권능의 날에 주의 백성이 거룩한 옷을 입고 즐거이 헌신하니 새벽이슬 같은 주의 청년들이 주께 나오는도다 시 110:3

"주의 권능의 날"은 '말세'를 의미합니다. 더는 몇몇 사람이 아니에요. 새벽이슬 같은 주의 청년들이 거룩한 옷을 입고 즐거이 헌신하며 나아가는 역사가 일어날 거라고 말씀하셨고, 지금 우리가 바로 그때를 살아가고 있습니다.

그러니 하나님께서 이제 아무 말씀도 하지 않으시고, 우리가 성경을 이성으로만 읽고 이해하며 살게 하실까요? 절대 그럴 리 없다는 겁니다. 구약 시대 하나님의 소통법이 얼마나 다양했나요. 하나님은 대화하시고, 꿈과 환상을 주시고, 여러 방법으로 소통하셨습니다.

예수 믿는 우리는 하나님의 택하신 족속, 왕 같은 제사장, 거룩한 나라예요(벧전 2:9). 하나님과 소통하지 않는 왕 같은 제사장, 하나님과 소통하지 못하는 하나님의 소유된 백성이라는 게 상상이 됩니까!

우리 모두 하나님과 친밀함을 누려야 합니다. 성경을 읽으면서 성령의 감동을 경험하고 말씀을 이해하며 해석하는 은혜, 예배 시간에 찬양하고 기도하며 성령의 감동을 경험하고 힘을 얻는 은혜가 우리에게 당연히 있어야 하지 않을까요.

우리에게 가장 중요한 건 바로 성경 중심의 '성령의 감동과 이끄심'입니다. 그래서 우리 모두는 성령의 이끄심을 사모하며 누려야 합니다.

하나님의 부르심

그렇다면 성령의 감동과 이끄심은 언제부터 시작될까요.

믿음으로 모세가 났을 때에 그 부모가 아름다운 아이임을 보고 석 달 동안 숨겨 왕의 명령을 무서워하지 아니하였으며 히 11:23

이스라엘 백성이 번성하자 위협을 느낀 애굽은 히브리인이 사내아이를 낳으면 전부 나일강에 던져 죽이라는 명령을 내렸어요. 그때 모세가 태어난 거지요. 부모가 모세를 보니 너무 아름다운 거에요. 그래서 아이를 죽일 수 없다는 마음이 일어납니다. 그리고 그 마음을 따라 모세의 부모가 행동합니다.

'하나님이 이렇게 아름다운 아이를 주셨는데, 죽이라고 주신 게 아닐 거야'라며 아이를 숨겨서 살렸어요. 그런데 성경은 이것을 '믿음'이라고 말하고 있어요.

믿음으로 모세는 장성하여 바로의 공주의 아들이라 칭함 받기를 거절하고 히 11:24

모세는 바로 공주의 아들, 즉 애굽 왕자 신분으로 자랐어요. 그런데 히브리 노예를 괴롭히는 애굽 사람을 보고 참지 못하여, 히브리인을 돕기 위해 애굽 사람을 죽입니다. 모세는 애굽의 왕자로 온갖 부귀영화를 누릴 수 있었지만, 믿음으로 모든 걸 거절했다고 합니다. 그러면서 모세가 애굽 왕자의 화려한 삶을 버리고, 40년 광야 생활을 택한 이유를 말합니다.

도리어 하나님의 백성과 함께 고난 받기를 잠시 죄악의 낙을 누리는 것보다 더 좋아하고 히 11:25

모세는 애굽의 왕자로 자랐지만, 누이 미리암의 기지로 자신의 어머니가 유모로 함께하게 되었지요. 덕분에 모세는 자라면서 자신이 히브리인이라는 정체성을 분명히 알았습니다.

그래서 눈앞의 부귀영화를 두고도 하나님의 백성인 이스라엘 민족을 향한 마음이 떠나지 않았던 겁니다. 결국 모세는 그들을 위해 중요한 결단을 내립니다. 그리고 성경은 이런 모세의 행동에 대해 다음과 같이 덧붙입니다.

그리스도를 위하여 받는 수모를 애굽의 모든 보화보다 더 큰 재물로 여겼으니 이는 상 주심을 바라봄이라 히 11:26

아주 놀라운 표현입니다. 모세가 받은 수난을 성경은 "그리스도를 위하여 받는 수모"라고 합니다. 물론 모세가 그리스도를 직접 알았다는 말은 아니에요. 하지만 그의 중심에 하나님에 대한 신뢰와 장차 올 구원의 소망이 있었음을 분명하게 증거하고 있습니다. 그 소망의 중심에는 예수 그리스도의 역사가 함께했다는 걸 말하지요.

또한 모세가 왕좌의 영광을 버리고 하나님을 위해 고난의 길을 선택한 건, 예수 그리스도께서 이 땅에 오셔서 걸어가실 길을 미리 보여주는 그림자였습니다. 결론적으로 모세는 예수의 마음을 품고 이처럼 놀라운 믿음의 결정을 했다는 거지요.

그렇다면 믿음으로 엄청난 일을 한 모세는 이때 하나님을 만났을까요? 아닙니다. 모세는 그로부터 40년 후인 80세에 광야에서 하나님을 만납니다. 광야로 쫓겨날 때는 아직 하나님을 만나지 못했어요.

그런데도 그의 부모는 모세를 살리기 위해 애굽의 법을 어겼고, 그는 장성하여 히브리 노예들이 고통받는 모습을 보고 가슴이 아프고 화가 나서 애굽 사람을 죽이기까지 했어요. 화려한 왕자 신분을 마다하고 히브리인을 위해 한 결정이 그의 마음에서 일어난 겁니다.

히브리서 기자는 모세의 이 결정을 '믿음으로 한 일'이라고 말합니다. 즉, 아직 하나님을 대면하지 않았을 때도 믿음이 그의 내면에서 작동하고 있었다는 뜻이에요.

이 사실은 우리에게 매우 중요한 진리를 가르쳐줍니다. 성령의 감동은 단지 우리가 거듭난 이후에만 일어나는 일이 아니라는 거지요. 거듭남 이전에도, 하나님께서 그분의 계획 속에서 우리를 준비시키고, 깨닫게 하시며 믿음의 길을 걸어가도록 이끄십니다. 예수님을 만나는 과정에도 성령의 도우심과 이끄심과 감동이 함께해야 하지요.

성경에는 구원의 분명한 여정이 있습니다. 우리가 '거듭남'이라고 부르는 중생(Regeneration)은 구원의 역사 가운데 매우 중요한 시점이지만, 구원 자체가 그때부터 시작된 건 아닙니다. 구원의 시작은 그보다 훨씬 이전, 하나님의 주권적인 예정(Predestination)에서 비롯된 것이지요.

> **곧 창세전에** 그리스도 안에서 우리를 택하사 우리로 사랑 안에서 그 앞에 거룩하고 흠이 없게 하시려고 그 기쁘신 뜻대로 우리를 **예정하사** 예수 그리스도로 말미암아 자기의 아들들이 되게 하셨으니
>
> 엡 1:4,5

하나님의 구원은 인간의 반응 이전에 이미 시작된 은혜의 역사입니다. 그분은 창세전부터 우리를 사랑으로 택하셨고, 그 사랑의 계획 안에서 예수 그리스도를 통해 구원의 길을 예비하셨어요. 따라서 구원은 우리의 선택이 아니라 하나님의 은혜로운 선택과 계획에서 출발합니다. 그 은혜의 역사 속에서 우리는 복음

을 듣고, 믿음으로 응답하며, 중생을 경험하는 거예요.

우리가 예수를 믿는다면 이미 예정의 은혜가 흐르고 있는 겁니다. 그렇다면 하나님께서 예정된 자들, 아직 하나님을 인격적으로 만나지 못하고 여전히 세상에 속해 있는 이들을 어떻게 이끄시나요?

하나님께서 우리를 부르십니다. 성경은 이를 단순한 초대가 아니라, 하나님께서 구원으로 이끄시는 시작으로 설명합니다. 신학적으로 이것을 'Effectual Calling'(이펙추얼 콜링, 효과적 부르심 또는 유효한 부르심)이라고 부릅니다.

> 또 미리 정하신 그들을 또한 부르시고 부르신 그들을 또한 의롭다 하시고 의롭다 하신 그들을 또한 영화롭게 하셨느니라 롬 8:30

미리 정하신 백성을 부르시는 부르심이 바로 Effectual Calling입니다. 이는 단순히 복음을 듣는 외적인 초대만을 의미하지 않습니다. 성령께서 사람의 마음 안에서 실제로 역사하셔서, 그가 복음을 깨닫고 믿음으로 응답할 수 있도록 내적으로 감동하시는 일을 포함합니다.

하나님은 모든 사람에게 복음을 들을 수 있는 기회를 주시지만(General Calling, 제너럴 콜링, 일반적 부르심), 그중 어떤 이는 성령의 역사로 마음이 열려 예수 그리스도를 구주로 영접합니다. 이때 사람의 의지와 노력보다 하나님의 은혜가 먼저 역사합니다. 이것이 Effectual Calling이지요.

그렇다고 인간의 자유의지를 무시한다는 의미는 아닙니다. 성령의 부르심은 인간의 마음을 강제로 억누르지 않고, 그 마음을 부드럽게 변화시켜 기꺼이 응답하도록 이끄십니다. 그래서 구원은 전적인 하나님의 은혜로 시작되지만, 그 은혜에 대한 믿음의 응답은 우리의 자유의지를 통해 일어납니다.

그 부르심의 역사가 어떻게 이루어지는지 히브리서 11장의 모세 이야기를 보면 알 수 있습니다. 성경은 모세의 부모와 모세가 행한 일이 '믿음'이었다고 말합니다. 즉, 그 생각이 자기 내면에서 그냥 일어난 게 아니라 하나님의 부르심의 과정이고, 하나님이 주신 생각이었다는 거지요. 이런 하나님의 역사가 바로 '성령의 감동'입니다. 결국, 성령의 감동은 예수님을 믿고 거듭나기 전부터 시작되는 거예요. 무엇을 통해? 우리의 생각과 마음을 통해서요.

지금도 그날의 기억이 생생합니다. 초등학교 6학년 크리스마스였어요. 아버지가 술 마시러 나가신 사이에 저는 어머니와 동생과 함께 작은 TV 앞에 둘러앉아 크리스마스 특집 영화 〈십계〉를 보고 있었어요. 그런데 영화가 끝나갈 무렵, 제 입에서 무심코 이런 말이 나왔습니다.

"엄마, 우리 교회 다녀야 할 것 같아…."

복음이 뭔지도 잘 몰랐지만, 영화를 보는 내내 그런 생각이 들었어요. 그전까지 친구를 따라 교회에 가다 말다 했거든요. 그런데 어머니도 같은 마음이 드셨던 것 같아요. 그 후 가족 모두 주일이면 교회에 가기 시작했지요.

그러다 고등학교 1학년이 되었을 때, 가정에 불화가 그치지 않으니 이런 생각이 들었어요.

'이건 아닌데, 나도 태어난 이유가 있을 텐데…. 내가 왜 살아야 하는지 그 이유를 알고 싶다.'

이 생각이 점차 '내가 하나님을 만나야겠다'라는 마음으로 자라더군요. 그때부터 학교 야간자율학습을 마치고 집에 돌아가는 길에 교회에 들러 기도하기 시작했어요. 1년 넘게 이렇게 기도했지요.

'하나님, 저 좀 만나주세요!'

돌이켜보면, 그 모든 것이 성령의 감동이었어요. 아직 예수님을 믿고 거듭나지 않았기에 제한적인 감동이었지만, 분명히 그때부터 성령의 역사가 제 안에서 시작된 겁니다.

선교단체에서 찬양 사역을 할 때, 함께 사역하던 한 간사님이 있었어요. 그가 간증을 나누었는데, 예수 믿기 전에는 집에서 술

집을 운영해서 자신도 새벽까지 일하고 아침에 퇴근했다고 합니다. 그런데 어느 날 아침, 집에 와서 잠을 자는데 꿈에 예수님이 나타나셔서 교회에 가라고 하시더래요. 그 일이 너무 생생해서 교회를 찾았고, 그 과정에서 예수님을 인격적으로 만나 믿게 되었다는 거예요. 그러다 결국 하던 일을 그만두고 선교단체 간사가 되었다는 겁니다. 이것이 Effectual Calling입니다.

이처럼 아직 예수님을 믿지 못하고 있어도, 성령님은 우리에게 감동을 주실 수 있습니다.

'그래도 교회는 가야지….'

'예배는 드려야지….'

'하나님을 따르며 살아봐야지….'

이런 생각이 괜히 드는 게 아니에요. 성령의 감동이 이미 시작된 겁니다.

> 너희 안에서 **착한 일**을 시작하신 이가 그리스도 예수의 날까지 이루실 줄을 우리는 확신하노라 빌 1:6

"착한 일"을 헬라어 성경으로 보면 '도덕적으로 훌륭한 일'을 의미합니다. 영적으로 의미 있는 일이 아니라 누구나 생각할 수 있는 착한 일의 동기가 하나님으로부터 올 수 있다는 거지요.

하나님께서 주시는 선한 마음, 하나님을 향한 마음을 무시하지 마세요. 그 생각과 마음에 따라 순종할 때 믿음의 역사가 시작되고, 하나님의 섭리를 구체적으로 경험하게 됩니다. 그리고 이런 성령의 감동은 우리가 예수 그리스도를 믿어 성령이 우리 안에 거하시면, 즉 거듭난 후에는 더 넓고 깊게 확장되는 거예요. 예수님을 믿고 나면 더 충만하게 임하는 거지요.

하나님의 마음을 기억하세요. 성전 휘장을 위에서 아래로 찢으신 그 마음을 알기를 바랍니다. 하나님께서 우리와 얼마나 소통하고 싶으신지, 얼마나 우리를 사랑하시는지 알아야 합니다. 내 안에서 착한 일을 시작하신 하나님께서 그분의 일을 온전하게 이루시도록 우리 마음을 내어 드리며, 순종의 걸음을 내딛길 바랍니다.

하나님의 선한 감동이 찾아온다면 순종해보세요. 지금 이 말씀을 읽으면서 당신의 생각에 일어나는 변화에 민감하게 반응해야 합니다. 이것이 믿음의 시작입니다.

성령의 감동을 누리는 법

그렇다면 예수 그리스도를 구주로 믿어 구원받은 성도에게 성령의 감동은 어떻게 임할까요? 귀로 들리는 음성일까요?

하나님께서 우리에게 말씀하시는 방식은 다양하지만, 일반적으로 '생각'과 '마음'을 통해 말씀하십니다. 이런 하나님의 소통 방식은 많은 신학자가 인정해온 중요한 방식입니다.

그런데 사단도 하나님의 소통 방식을 알고 사용합니다. 대표적인 예가 예수님을 팔아넘긴 가룟 유다입니다. 요한복음 13장 2절을 보면, 마귀가 가룟 유다에게 예수님을 팔 '생각'을 넣었다고 합니다. 원수 마귀도 생각의 영역에서 죄악의 씨를 뿌리는 거지요.

하나님은 우리의 생각을 통해 성령의 감동을 주십니다.

> 보혜사 곧 아버지께서 내 이름으로 보내실 성령 그가 너희에게 모든 것을 **가르치고** 내가 너희에게 말한 모든 것을 **생각나게 하리라**
> 요 14:26

> 너희 안에서 행하시는 이는 하나님이시니 자기의 기쁘신 뜻을 위하여 너희에게 **소원을 두고 행하게 하시나니** 빌 2:13

성령님은 우리의 기억과 생각을 통해 진리를 깨닫게 하시고, 하나님의 뜻을 헤아리게 하십니다. 때때로 소원 또는 생각의 형태로 우리 내면 깊숙한 곳에 하나님의 뜻을 심고 역사하시지요. 그래서 우리는 예배, 기도, 성경 읽기와 같은 경건의 시간에 마음을 열어야 합니다. 우리의 귀를 열어야 해요. 그때 떠오르는 생각을 소중하게 담아내는 것이 필요합니다.

그래서 저는 '성령께서 주시는 감동이다' 싶으면 메모를 합니다. 경건의 시간에 떠오른 생각을 적고 방향을 정하며 나아갈 때, 하나님의 뜻을 확인하는 경우가 얼마나 많았는지 모릅니다. 그런데 이 '생각'을 통해 성령의 감동을 받을 때, 반드시 기억해야 할 원칙이 있습니다.

'생각'을 통해 성령의 감동을 경험하기 위한 원칙

1. 내적 감동 무시하지 않기
성경을 읽다가 마음에 떠오르는 강한 생각, 감동, 결단이 성령의 감동일 수 있습니다.

2. 성경의 원리와 일치하는지 확인하기
성령의 감동은 반드시 성경과 일치해야 하며, 성경의 진리를 넘어서는 감동은 경계해야 합니다.

3. 성령의 감동 분별하기
자신의 욕망, 감정, 외부의 영향인지 성령의 감동인지 분별하는 훈련이 필요합니다.

4. 공동체 안에서 검증하기
성령의 감동을 교회 목회자나 권위자와 나누며 검토해 보아야합니다.

특히 두 번째 원칙이 중요합니다. 성령의 감동을 어떤 방식으로 경험하든 반드시 '성경의 테두리' 안에서 확인해야 합니다. 그런데 성경을 모르면 어떤 일이 일어날까요? 내 생각을 따라 갖게 된 소원, 혹은 원수 마귀가 주는 유혹을 성령의 감동으로 오해할 위험이 생깁니다. 그래서 건강한 기준을 세우기 위해 성경을 통독하고, 반복해서 읽으며 깊이 묵상하는 시간이 꼭 필요합니다.

7장

거듭남으로 누리는
성령의 감동

더 좋은 계획

앞에서 성령의 감동이 언제부터 시작되는지 살펴보았습니다. 성령의 감동은 예수님을 믿고 거듭나기 이전부터 하나님의 택함을 받은 사람들에게 임합니다. 이것을 Effectual Calling이라고 했습니다. 이런 성령의 감동은 구약 시대 하나님의 사람들도 하나님을 만나기 전에 누린 은혜였습니다. 모세의 부모와 하나님을 만나기 전 모세도 성경의 감동을 따라 순종했지요. 구약의 많은 하나님의 사람이 그랬습니다.

그런데 '거듭남으로 누리는 성령의 감동'이 있습니다. 거듭나기 전부터 성령의 감동이 있다고 나누었는데, 거듭남으로 누리는 성령의 감동이란 무엇일까요?

> **이 사람들**은 다 믿음으로 말미암아 증거를 받았으나 **약속된 것을 받지 못하였으니** 이는 하나님이 우리를 위하여 **더 좋은 것**을 예비하셨은즉 우리가 아니면 그들로 온전함을 이루지 못하게 하려 하심이라 히 11:39,40

"이 사람들"은 히브리서 11장에 기록된 구약의 믿음의 인물을 말합니다. 여기서 믿음은 아직 예수님을 통해 죄의 문제가 해결되지 않은 상태, 거듭나지 못한 상태에서 가진 믿음을 의미합니다. 그래서 이들이 '훌륭한 믿음의 사람'이라는 소리를 들었음에도, 그 믿음만으로는 약속된 것을 받지 못한다고 말합니다. 즉, 미완성인 믿음이라는 거지요.

그러면서 40절에 하나님께서 우리를 위해 더 좋은 것을 계획해 두셔서 우리가 없이는 그들이 완성에 이르지 못할 것이라고 합니다. 무슨 말인가요? 더 좋은 계획은 '메시아, 예수님의 십자가 죽음과 부활을 통해 구원의 길을 만드신 역사'를 의미합니다.

즉, 구약의 인물들이 믿음으로 순종하며 하나님의 뜻을 이루었다고 해도, 그들의 믿음이 온전하지 않았다는 말입니다(그런데도 하나님은 그분의 백성과 힘써 소통하셨어요. 분명한 건, 신약 시대를 살아가는 우리에게 훨씬 더 분명하고 온전한 소통을 하신다는 사실입니다).

성령의 감동은 거듭나기 전부터 시작되지만, 그 상태에서 누리는 성령의 인도하심은 제한적이고 간접적입니다. 거듭나기 전에 성령의 감동을 따르는 유일한 심중은 '생각에 임하는 감동'뿐입니다.

이 관점으로 요한복음에서 말하는 한 사건을 살펴보겠습니다.

> 그런데 바리새인 중에 니고데모라 하는 사람이 있으니 유대인의 지도자라 그가 밤에 예수께 와서 이르되 랍비여 우리가 당신은 하나님께로부터 오신 선생인 줄 아나이다 하나님이 함께하시지 아니하시면 당신이 행하시는 이 표적을 아무도 할 수 없음이니이다 예수께서 대답하여 이르시되 진실로 진실로 네게 이르노니 사람이 거듭나지 아니하면 하나님의 나라를 볼 수 없느니라 니고데모가 이르되 사람이 늙으면 어떻게 날 수 있사옵나이까 두 번째 모태에 들어갔다가 날 수 있사옵나이까 예수께서 대답하시되 진실로 진실로 네게 이르노니 사람이 물과 성령으로 나지 아니하면 하나님의 나라에 들어갈 수 없느니라 육으로 난 것은 육이요 영으로 난 것은 영이니 내가 네게 거듭나야 하겠다 하는 말을 놀랍게 여기지 말라 바람이 임의로 불매 네가 그 소리는 들어도 어디서 와서 어디로 가는지 알지 못하나니 성령으로 난 사람도 다 그러하니라 요 3:1-8

바리새인은 부활과 천사도 믿고, 모세 율법뿐 아니라 우리가 구약성경으로 인정하는 시편과 선지서도 중요하게 여기며 구전 율법까지 지키던 사람들입니다. 그런 바리새인 출신 니고데모가 등장하는데, 성경은 그를 '유대인의 지도자'라고 소개하지요. 산헤드린 공회원을 뜻합니다. 산헤드린 공회는 당시 유대 사회의 종교, 정치, 사회 문제를 다루는 최고 의결 기관이었습니다. 그곳에서 니고데모는 존경받는 원로였지요.

그런 니고데모가 밤중에 예수님을 찾아옵니다. 이 말씀 전에 예수님의 성전 정화 사건이 있었습니다. 누구도 감히 할 수 없는 일이었기에 많은 바리새인과 종교 지도자는 예수님을 위험인물로 간주했습니다.

당시 예수님은 30대 초반으로, 유대 사회에서 사회적으로나 종교적으로 이제 막 배우고 수행하는 나이였지요. 반면에 니고데모는 유대 사회 원로이자 존경받는 인물이었습니다. 그런데도 그는 예수님의 말씀과 사역을 통해 하나님의 사람이 분명하다는 마음의 확신을 가지고 성령의 감동을 따라 예수께 나아온 거예요. 즉, 그의 심중에 'Effectual Calling'이 있었던 겁니다.

그런 니고데모에게 예수님이 말씀하십니다.

진실로 진실로 네게 이르노니 사람이 거듭나지 아니하면 하나님의 나라를 볼 수 없느니라 요 3:3

예수님은 "진실로"를 두 번 반복하며 강조하십니다. 사람이 거듭나지 않으면 하나님나라를 볼 수 없다는 거예요. 여기서 "거듭나다"는 수동태로, '다시 태어나게 되다', '위로부터 태어나게 되다'라는 두 가지 뜻이 있는데 이 말씀에서는 '위로부터 태어나게 되다'라는 의미로 사용되었습니다.

이스라엘의 원로인 니고데모가 젊은 예수님을 찾아와 "선생님"이라 부르며 겸손히 나아간 것도 놀라운데, 예수님은 그에게 위로부터 다시 태어나는 거듭남이 없으면 하나님나라를 볼 수 없다고 말씀하십니다.

그러자 아직 거듭나지 못한 니고데모는 자기 머리로 이 말씀을 이해하려 합니다. 어머니 배 속에 다시 들어가야 하느냐고 묻습니다. 이에 예수님은 다시금 분명하게 답하십니다.

> 예수께서 대답하시되 진실로 진실로 네게 이르노니 사람이 **물과 성령으로 나지 아니하면** 하나님의 나라에 들어갈 수 없느니라 요 3:5

예수님은 거듭나기 전, 성령께서 이끄시는 'Effectual Calling'에 반응하고 순종하는 것만으로는 구원에 이르지 못한다고 하세요. 그 부르심을 따라 예수 그리스도를 구주로 믿는 데까지 나아가야 비로소 거듭나며, 하나님의 자녀가 되어 영생을 얻는 역사가 일어나는 것이지요.

여기서 "물로 난다"라는 것은 '세례'를 의미합니다. 세례는 단순한 의식이 아니라 복음 앞에서 내 이성이 반응하는 결단이에요. 예수님을 나의 구주로 믿겠다고 고백하며 세례도 받아야 합니다. 이것은 결코 가벼운 일이 아닙니다.

그런데 단지 이성적 동의에만 머무르면 안 되고, 반드시 성령으로 거듭나 성령의 사람이 되어야 합니다. 성령의 사람은 이런 특징이 있습니다.

> 바람이 임의로 불매 네가 그 소리는 들어도 어디서 와서 어디로 가는지 알지 못하나니 성령으로 난 사람도 다 그러하니라 요 3:8

거듭난 이의 삶은 '바람 같은 삶'입니다. 바람이 임의로 분다는 것은 '원하는 대로 분다'라는 뜻입니다. 이 말씀에는 두 가지 중요한 의미가 담겨 있습니다.

첫째, 거듭남은 우리의 계획이나 예상대로 일어나는 일이 아니라 하나님의 주권 아래, 그분의 때에 이루어짐
둘째, 거듭난 성도가 어떤 삶을 살게 되는가

성령을 종종 바람에 비유하는데, 바람을 내 뜻대로 조종할 수는 없습니다. 성령의 움직임은 인간이 예측하거나 통제할 수 있는 게 아닙니다. 우리는 성령의 일을 제한할 수 없고, 성령은 하나님께서 원하시는 대로 움직이며 일하세요. 이처럼 바람의 특성을 가진 성령의 역사를 온전히 이해하는 것이 얼마나 중요한지 알아야 합니다.

하나님을 만나기 전, 성령의 감동은 제한적 역사에 머무릅니다. 앞서 살펴본 것처럼 모세의 부모는 아이를 낳고 '이 아이가 이렇게 아름다운데 하나님의 뜻이 있겠지' 하면서 감동에 따릅니다. 모세 역시 애굽 왕자의 삶을 버리고 이스라엘 민족을 향한 성령의 감동 안에서 순종하지요. 이런 성령의 감동은 인간의 이성으로 이해할 수 있는 수준, 다시 말해 '예측 가능한 수준'에 머무릅니다.

하지만 우리가 거듭난 후에 누리는 성령의 감동은 차원이 다릅니다. 훨씬 더 강력하고, 분명합니다. 예수님은 이런 성령의 감동을 바람에 비유하셨습니다. 바람처럼 눈에 보이지 않지만 분명히 느껴지고, 우리의 '상식과 이성과 예상을 뛰어넘는' 성령의 이끄심이 거듭남을 통해 임한다는 겁니다.

성령의 바람이 불어오는 기도

그렇다면 이 놀라운 성령의 역사를 우리가 어떻게 이해할 수 있을까요?

너희 안에서 **행하시는** 이는 하나님이시니 **자기의 기쁘신 뜻을 위하여** 너희에게 소원을 두고 **행하게** 하시나니 빌 2:13

이 말씀을 잘 해석해야 합니다. 내가 가진 소원을 하나님께 아뢰면 이루어주신다는 뜻이 아닙니다. 우리가 거듭나면 하나님께서 직접 뜻을 품으시고 우리 안에서 일하시며 마음에 소원을 심으신다는 거지요. 여기서 "행하게 하시다"를 원문으로 보면, '활동하다', '생산하다'라는 뜻이 있습니다. 하나님께서 우리 내면에서 활동하시며 소망을 만들어 내신다는 겁니다.

거듭난 성도의 내면에 하나님의 기쁘신 뜻이 소원처럼 자리 잡아 행하게 하시는 역사가 일어난다는 거지요. 이것이 바로 거듭난 성도가 누리는 성령의 감동입니다. 거듭나기 전의 성령의 감동과는 큰 차이가 있지요. 거듭난 이후에 누리는 성령의 감동은 우리의 소원 자체를 변화시킵니다. 우리의 바람 자체가 바뀐다는 겁니다.

당신은 기도를 어떻게 하고 있나요? 대부분 어떤 문제나 상황을 놓고 간구하지요. 저도 그랬습니다. 제가 미국에서 공부를 마친 후 두 교회에서 사역 제안을 받았을 때 이렇게 기도했어요.
'주님, 두 교회 중 어느 교회에 가야 할까요?'
그런데 기도하는 중에 성령의 감동이 임했어요. 성령께서 제게 처음 유학을 결심할 때의 마음이 떠오르게 하셨습니다. 그러자 어느 교회에 가야 하는지보다 유학을 처음 왔을 때 마음을 돌아보게 되었어요. 그때 저는 '공부를 마치면 한국으로 돌아가 한국 교회에 필요한 사역을 하며 섬기겠다'라고 다짐했었지요.

그 처음 마음이 기도 중에 계속 떠올랐습니다. 그 순간, 하나님의 기쁘신 뜻이 제가 미국에 머무르는 게 아니라 한국으로 돌아가는 것임을 확신하게 되었습니다.

'한국으로 돌아가야 한다!'

제 소원이 바뀌더군요. 성령의 바람이 불어온 거예요.

지금도 우리는 수많은 상황에서 기도할 문제를 만납니다. 그런데 기도하는 중에 하나님이 전혀 다른 순종을 요구하실 때가 얼마나 많은지 몰라요. 저는 그 하나님의 도전에 순종하려 애쓰고 있습니다.

물론 기도할 때마다 다른 기도를 하게 되는 건 아닙니다. 제가 하는 기도에 힘을 실어주실 때가 많아요. 아니, 대부분 그렇습니다. 하지만 늘 기도하면서 제 마음과 생각의 귀를 열고 하나님의 기쁘신 뜻이 무엇인지 듣고자 합니다. 때로는 고난 중에 그 고난이 빨리 끝나길 바라며 기도하다가 성령 안에서 하나님의 기쁘신 뜻이 '필요한 고난'이라고 여겨지면, 그때부터 기도줄을 바꾸는 겁니다. 기도의 방향이 바뀌는 거지요.

'주님, 피하지 않고 한 걸음 한 걸음 걷겠습니다!'

이것이 바로 거듭난 성도가 누리는 성령의 감동입니다. 그러면 어떤 상황에서도 내 생각을 내려놓고 성령께서 주시는 감동을 따라 기도하는 역사가 일어납니다.

그러나 우리는 종종 삼손처럼 이미 정해놓은 소원을 가지고 하나님께 나아갑니다. 내가 생각하고, 계획하고, 바라는 바를 정해놓고 원하는 결과를 기대하며 간구하는 거지요. 그러면 성령의 감동이 임할 여지가 사라집니다. 결국 하나님을 인격적으로 만나기 이전 수준에 머물게 되지요. 그러다 보니 거듭나기 전에 막연히 하나님을 따르던 수준의 기도를 할 수밖에 없는 겁니다.

그 결과 신약 시대, 성령의 시대를 살면서도 구약적 한계에 갇힌 신앙생활에 머무는 거지요. 어떤 문제를 만나도 성령의 감동을 따라 하나님의 기쁘신 뜻을 발견해야 하는데, 눈앞의 현실과 이해 가능한 해답만 구하는 기도만 하고 맙니다. 그렇지 않으면 목회자나 믿음의 선배의 조언에만 의지하는 수준을 벗어나지 못하는 겁니다. 이 얼마나 답답하고 안타까운 일인가요!

기도해야 할 문제가 있을 때, 먼저 자신의 기대를 내려놓아야 합니다. 그 문제를 바라보는 시선을 처음으로 되돌리세요. 그리고 성령의 감동을 따르는 겁니다. 자신이 정한 한계를 없애고, 모든 것을 성령께 의지하며 기도할 때 우리가 살아납니다.

거듭난 성도가 누리는 성령의 감동이 더욱 넓고 깊게, 선명하게 임합니다. 우리 안에 하나님의 바람, 곧 성령의 역사가 함께할 때 비로소 신앙이 살아나는 거지요.

또 내게 이르시되 너는 이 모든 뼈에게 대언하여 이르기를 너희 마른 뼈들아 여호와의 말씀을 들을지어다 주 여호와께서 이 뼈들에게 이같이 말씀하시기를 내가 **생기를 너희에게 들어가게 하리니 너희가 살아나리라** 겔 37:4,5

에스겔서 말씀처럼 "마른 뼈", 더는 소망이 없는 말라비틀어진 뼈에 말씀이 임하고 생기가 부어지면 살아나는 거예요. 여기서 "생기"는 히브리어 '루아흐'(רוּחַ)로, 하나님께서 사람을 만드시고 불어넣으신 '생령', '하나님의 호흡' 그리고 '성령'을 의미합니다.

이 단어의 또 다른 뜻이 바로 '바람'입니다. 우리의 신앙은 이 성령의 바람 같은 역사가 불어올 때 살아납니다. 내 머리로 예상한 바를 이루며 살아가는 게 아니라 바람이 이끄는 대로, 성령이 이끄시는 대로 순종하며 나아갈 때 우리가 살아납니다.

지금 어떤 기도제목을 가지고 있나요? 언제까지 거듭나기 이전의 수준에 머물러 있을 수는 없습니다. 성령께서 우리 안에 거하시고, 우리와 함께하세요. 그러니 우리의 영적 소통 창구를 활짝 열어놓아야 합니다.

그리고 하나님께서 우리와 어떻게 소통하시는지 구체적으로 알아야 합니다. 성령께서 우리에게 뜻을 전하시고 감동을 주시는 통로는 다양합니다. 그중에서 가장 중요한 소통 창구는 '성경'과 '기도'입니다. 그밖에 여러 가지 외적 통로를 통해서도 성령의 감동이 전해집니다.

3부

성령의 감동을
따르는 법

8장

성경을 통한 성령의 감동

성경으로 충분하다

성령의 감동을 확인하는 가장 절대적인 기준은 성경에 있습니다. 가톨릭은 그들이 인정하는 성경(구약 46권과 신약 27권)과 함께 교회의 전통, 교황과 주교들의 회의를 통해 교회를 다스린다고 봅니다. 그리고 자유주의 신학 사상을 지지하는 이들은 성령의 조명을 받은 개인의 이성과 양심을 가진 성도의 의견을 통해 교회를 다스린다고 여깁니다.

복음주의 신앙을 따르는 우리는 예수 그리스도께서 성경을 통해 주님의 몸 된 교회를 다스리신다고 압니다. 성경의 권위를 가장 위에 두지요. 그리고 인간의 이성과 경험은 성경을 판단하거나 평가하는 기준이 아니라 오직 성경의 권위 아래 말씀의 뜻을 바르게 이해하고 삶에서 적용하는 도구로 사용합니다.

그런 이유로 성경을 '캐논'(canon)이라고도 하는데, '기준', '자'라는 뜻입니다. 기독교인의 절대적이고도 유일한 기준은 오직 성경입니다. 웨스트민스터 신앙고백 1장 6항은 "성도는 성경으로 충분하다"라고 가르칩니다. 성경은 하나님의 말씀이기에 성경만으로 완전하고 충분하다고 보는 거예요.

> 모든 성경은 하나님의 감동으로 된 것으로 **교훈과 책망과 바르게 함과 의로 교육**하기에 유익하니 이는 하나님의 사람으로 온전하게 하며 모든 선한 일을 행할 능력을 갖추게 하려 함이라 딤후 3:16,17

성경은 약 1,500년에 걸쳐 40여 명의 저자가 다양한 시대, 지역, 문화, 직업적 배경 가운데 기록한 66권의 책입니다. 그런데도 성경 전체가 하나의 구속사 이야기를 중심으로 통일된 메시지를 전달하고 있지요. 저도 성경을 연구하다가 무릎을 탁 치며 놀랄 때가 많습니다. 그 다양한 시대를 거치면서도 변함없이 말씀의 흐름이 유지되기 때문입니다. 인간의 기획이나 우연으로는 설명되지 않는 신비지요.

이 사실을 설명할 유일한 길은, 하나님께서 성경 저자들에게 성령으로 감동을 주셨고, 그 감동을 따라 하나님의 말씀을 기록했다고 보는 것입니다(딤후 3:16,17, 벧후 1:21). 곧 하나님의 사람들이 성령의 감동을 받아 기록한 거예요. 겉으로 보기에는 여러 사람의 손을 거쳐 기록된 책 같지만, 성경의 궁극적인 저자는 성령 하나님 한 분이십니다. 성령께서 처음부터 끝까지 66권 전체를 일관되게 이끄신 것입니다.

따라서 성경의 중심 메시지는 결국 하나로 통일됩니다. 구약의 주제는 '오실 예수 그리스도'이고, 신약의 주제는 '오신 예수 그리스도'입니다. 성경은 처음부터 끝까지 성령의 인도하심 아래 하나의 흐름으로 기록된 책입니다. 그래서 온전하게 해석하려면 성령 하나님의 도움이 절대적으로 필요합니다.

원래 책의 의미를 가장 잘 이해하고 파악하려면 '저자 직강'(저자가 직접 강의)만 한 게 없습니다. 저자의 설명을 통해 책에서 말하는 의도와 숨은 뜻을 온전하게 파악할 수 있지요. 성경도 마찬가지입니다. 성경을 쓰신 성령께서 내 안에 계시면 직접 가르쳐주시는 역사가 일어납니다.

성경을 읽는 가운데 '책망', '바르게 함', '의로 교육함' 같은 실제적인 가르침이 성령 안에서 일어나게 됩니다. 그 결과, 우리는 하나님의 사람으로 온전해지고, 모든 선한 일을 행할 능력을 갖추게 되지요. 그러므로 성령의 도우심으로 성경을 읽을 때 말씀을 통해 우리 삶이 바르게 세워지고 온전해지는 은혜가 일어나는 것입니다.

물론 신앙에는 개인적 체험이 따를 수 있습니다. 그러나 그를 통해 인도받으며 확인하고 평가하는 절대적 기준은 오직 하나님의 말씀, 곧 성경 안에 있어야 합니다.

성령의 감동을 누리는 주된 통로와 그것을 점검하는 건강한 기준 또한 성경이어야 합니다. 성경을 통해 성령의 감동으로 주의 음성을 듣고, 하나님의 뜻에 따라 사는 역사를 경험하는 것입니다.

농부가 근처에 강이 있는데도 먼 거리의 말라가는 작은 물줄기에서 물을 끌어오려 한다면 어리석다고 하겠지요. 우리의 신앙도 어리석은 농부 같을 수 있습니다. 하나님은 성경을 통해 우리에게 주셔야 할 모든 계시를 완성하셨고, 하나님의 말씀인 성경이 우리의 기준이 되는 거예요. 그런데 그 주된 통로를 뒤로 하고, 작은 물줄기 같은 신앙 요소를 통해 성령의 감동을 받으려 한다면 어리석은 걸음일 수밖에 없습니다.

그렇다면 어떻게 해야 성경을 통해 성령의 감동을 누릴 수 있을까요? 무엇보다 '성경을 바르게 읽는 습관'을 길러야 합니다. 성령께서는 임의로 감동을 주시는 분이 아니라 하나님의 말씀 안에서 일하시는 분이세요. 성령의 감동은 성경의 진리와 분리되지 않습니다. 성경은 성령께서 기록하게 하신 하나님의 말씀이에요. 따라서 우리가 말씀을 제대로 이해하고 묵상할 때, 참된 성령의 감동과 인도하심을 경험하게 됩니다.

그러므로 성경 읽기는 단순한 지식 습득이 아니라 성령께서 말씀을 통해 우리를 변화시키시는 통로입니다. 성경을 볼 때 성령의 도우심을 구하며 말씀 앞에 겸손히 서야 합니다. 그때 성령께서 말씀을 통해 우리의 생각을 새롭게 하시고, 하나님의 뜻을 분별하도록 이끄십니다(롬 12:2).

어떻게 하면 바른 성경 읽기를 통해 성령의 감동을 경험할 수 있는지 구체적으로 살펴보겠습니다.

성경 읽기의 종류와 방법

성경을 읽는 방법에는 크게 두 가지가 있습니다.

1. **통독**: 하루에 일정한 양을 읽어 나가는 성경 읽기(속독)
2. **묵상**: 성경의 일정 단락을 반복해서 읽으며 묵상하기(정독)

이 두 방법 모두 성령의 감동을 경험하는 통로이기에, 이 두 가지 성경 읽기를 훈련하여 익숙해져야 합니다. 물론 설교를 듣거나 양육 훈련을 받다가도 하나님의 뜻을 발견할 수 있습니다. 하지만 이 책은 성도가 하나님 앞에 직접 나아가 그분의 뜻을 발견하고, 성령의 감동을 따르게 하는 데 목적이 있어서 성경 읽기에 초점을 맞추려고 합니다.

그리고 설교는 아무리 탁월하게 잘 전해도 결국 한 사람의 인격과 이해를 거쳐 전해지는 말씀이에요. 물론 하나님께서 설교자를 통해 말씀하시지만, 그 말씀은 여전히 인간의 한계 안에서 전달됩니다. 따라서 설교만으로 성도 각자가 성령의 인도하심 속에서 말씀을 읽고 깨달을 때 경험되는 '성령의 조명'을 온전히 대신할 수는 없습니다.

결국 신앙의 성숙은 설교 말씀을 듣는 것보다 성령 안에서 각자 성경을 읽고 깨닫는 개인적인 시간을 통해 더욱 풍성하게 이루어집니다. 그래서 목회의 자리에서 더욱 분명하게 깨닫는 것이 '성경 읽기의 중요성'입니다.

성경을 읽는 구체적인 방법

1. 기도로 준비하라

성경을 읽기 전에 먼저 '기도'를 해야 합니다. 왜 기도부터 해야 할까요? 성경을 읽고 이해하는 데 성령의 도우심이 절대적으로 필요하기 때문입니다.

성령의 감동으로 기록된 성경을 성령의 도우심 없이 온전하게 깨닫는 건 불가능합니다. 성령께서 도와주셔야 성경을 제대로 읽을 수 있습니다.

> 내 눈을 열어서 주의 율법에서 놀라운 것을 보게 하소서 시 119:18

이 시편 기자의 간구가 성경을 읽는 우리의 간구여야 합니다. 성경을 그냥 보면 문자에 불과하지만, 성령께서 우리 눈을 여셔서 놀라운 것이 보이면 '생명'이 됩니다. 하나님이 눈을 열어주셔야 말씀에서 놀라운 것이 보이기 시작하지요.

말씀을 읽기 전에 꼭 기도로 문을 여시기 바랍니다.

"성령님, 오늘도 제 눈을 열어서 주의 놀라운 비밀을 깨닫게 하소서!"

하나님께서 말씀을 통해 반드시 나를 이끄시리라는 거룩한 기대를 품고 기도하며 성경을 펼치길 바랍니다.

2. 성경 읽기의 시작: 성경 통독

성경을 묵상하기 전에 '성경 통독'을 해야 합니다. 매일 일정 분량의 말씀을 차례대로 읽는 겁니다. 성경 통독은 숲 전체를 보는 것과 같습니다. 그렇게 여러 번 성경을 읽다 보면, 말씀 전체의 흐름과 구조, 하나님의 구속사가 어떻게 흘러가는지 파악하게 됩니다.

혹 성경을 읽다가 이해되지 않는 부분이 나와도 괜찮습니다. 중요한 건 일단 시작하는 겁니다. 예수 그리스도를 구주로 믿고 따르려 한다면, 성경 읽기는 평생 습관이 되어야 합니다.

이슬람교를 믿는 무슬림은 그들의 경전 '코란'을 알라의 직통 계시로 믿고 절대적으로 경외합니다. 그래서 매일 정해진 시간에 코란을 암송하고 낭독하는 문화가 깊이 자리했다고 합니다.

유대교는 어떤가요? 모세오경을 의미하는 '토라'를 어린 시절부터 암송합니다. 안식일마다 토라를 읽고 1년 동안 몇 번씩 반복해서 읽는다고 합니다.

제가 유학 시절에 유대인이 다니는 학교를 알아보다가 큰 충격을 받았습니다. 그들은 자녀의 신앙 훈련을 할 때 다섯 살부터 토라를 암송하게 합니다. 특히 '유대인 초등 교육'(Jewish day school) 과정은 오전에는 유대교 과목(토라, 탈무드, 기도서)을 배우고, 오후에만 일반 과목을 학습합니다. 그 정도로 말씀이 그들 삶에 가까이 있지요.

그렇다면 예수 그리스도를 구원자로 믿는 우리는 어떤가요? 신앙과 삶의 기준이 '성경'이라고 말하면서도 성경을 읽지 않거나 부분적으로만 읽는 경우가 많습니다. 하지만 기준을 모르고 어떻게 세상일을 분별하겠어요.

그래서 순전한교회는 성도가 1년에 한 번이라도 성경을 통독하도록 '기노스코(ginōskō, 알다, 경험하다) 성경 일독'을 실시합니다. 앞으로는 성경 읽기를 더 구체적으로 장려할 계획입니다.

그리고 조금만 관심을 기울이면 성경 읽기를 도와주는 좋은 프로그램을 앱이나 유튜브, 인터넷에서 찾을 수 있습니다. 대표적으로, '갓피플'에서 제작한 성경 앱이 있습니다.

 저도 이 앱으로 성경을 쉽고 편하게 접하고 있습니다. 시간 여유가 없다면 출퇴근 시간을 활용하는 것도 좋습니다.

요즘은 성경을 낭독해주는 프로그램이나 앱도 있지요. 성경을 듣는 것도 큰 은혜가 되고 도전이 됩니다.

우리가 성경을 읽기만 해도, 읽는 동안 하나님이 일하시고 역사하십니다. 성경 읽기 자체가 하나님을 만나는 길이 됩니다. 성경 읽기의 힘을 경험해야 합니다. 실제로 많은 이들이 성경을 읽다가 하나님을 깊이 만납니다.

성경을 한국어로 처음 번역하고 출간한 스코틀랜드 출신의 존 로스 선교사님이 계십니다. 선교사님은 당시 중국 선양(만주)에 동관교회를 개척하고, 1877년경부터 조선인을 위해 한글 성경을 번역하기 시작합니다. 제가 동관교회에 방문했을 때, 번역 작업을 하던 곳을 눈으로 보았습니다.

존 로스 선교사가 최초로 성경번역했던 초기 동관교회 본당(좌)와 번역된 성경(우)

존 로스 선교사님이 한국인 조력자들과 함께 1882년에 처음 〈누가복음〉을 번역해 한글 성경이 나오고, 5년 뒤인 1887년에 신약성경 전체를 담은 《예수성교전서》가 출간되어 보급됩니다.

이 과정에서 전해지는 유명한 일화가 있습니다. 존 로스 선교사님이 한글 성경 번역을 마치고 책을 인쇄할 방법을 찾았는데, 당시 그 지역에서 한글책을 인쇄할 기술자, 그중에서도 식자공(활자를 배열해 책으로 구성하는 장인)을 찾는 게 무척 어려웠다고 합니다. 그러던 중 식자공 장인 김청송을 소개받습니다. 하지만 그는 술과 마약에 빠져 살던 사람이었습니다.

그런데 그가 돈벌이로 성경 인쇄 작업을 시작했다가 놀라운 일이 벌어집니다. 아침부터 저녁까지 매일 성경의 활자를 배열하다 보니 어쩔 수 없이 성경을 읽게 되었고, 그러다 말씀을 마음에도 새기게 된 거예요. 이후 그는 존 로스 선교사님에게 세례를 받고 세례 교인이 됩니다. 어쩔 수 없이 성경을 읽더라도 이처럼 회심의 역사가 일어납니다. 성경 읽기에는 힘이 있습니다.

또 다른 예를 들어보겠습니다. 한 선교사님이 교회에 강사로 오셔서 회심한 이야기를 들려주었습니다. 어느 날, 잠자리에 들려는데 베개가 없더랍니다. 그래서 주위를 둘러보니 마침 두툼한 책이 눈에 띄어 베개 삼아 누워 잠을 청했다고 합니다. 그리고 아침에 잠에서 깼는데, 문득 그 책이 궁금하더래요.

무슨 책인지 한번 봐야겠다 싶어서 딱 펼쳤는데, 처음 눈에 들어온 말씀이 예수님의 산상수훈 "심령이 가난한 자는 복이 있나니 천국이 그들의 것임이요"(마 5:3)였다고 합니다.

그 말씀을 본 순간 너무 당황스럽더랍니다. 누구보다 마음이 가난한 사람이 자신인데, 복이 있다고 하니 '이게 무슨 말인가?' 싶더래요. 그래서 책에 눈이 가기 시작했고, 점점 읽는 자세가 바뀌더랍니다. 누워서 읽다가 앉아서 읽고, 앉아서 읽다가 결국 그 자리에서 고꾸라졌다고 합니다.

우리는 성경을 읽어야 합니다. 성경을 읽으면 성령의 감동을 경험할 수많은 가능성이 열립니다. 하나님의 뜻을 알고 싶다면서 성경을 읽지 않는다면, 길을 찾겠다면서 지도를 펼치지 않는 것과 같습니다. 하나님의 뜻은 그분의 말씀 안에 계시되어 있습니다.

3. 성경 읽기의 다음 단계: 말씀 묵상

말씀 읽기가 어느 정도 자리 잡았다면, 새로운 단계의 성경 읽기로 나아가야 합니다. 바로 말씀을 묵상하는 겁니다.

> 이 율법책을 네 입에서 떠나지 말게 하며 **주야로 그것을 묵상하여** 그 안에 기록된 대로 다 지켜 행하라 그리하면 네 길이 평탄하게 될 것이며 네가 형통하리라 수 1:8

여호수아는 하나님의 감동을 따라 말씀이 입에서 떠나지 않게 읽으라고 도전합니다. 그리고 한 걸음 더 나아가 주야로 그 말씀을 묵상하라고 명령해요. 그렇게 말씀을 묵상하고 지켜 행하면, 네 길이 평탄하고 네가 형통할 거라고 합니다.

> **복 있는 사람**은 악인들의 꾀를 따르지 아니하며 죄인들의 길에 서지 아니하며 오만한 자들의 자리에 앉지 아니하고 **오직 여호와의 율법을 즐거워하여 그의 율법을 주야로 묵상하는도다** 시 1:1,2

시편 기자는 복 있는 사람을 '하나님의 말씀을 즐거워하여 그 말씀을 주야로 묵상하는 사람'이라고 정의합니다. 예수 믿고 구원받은 우리 삶에는 말씀을 묵상하는 시간이 필요합니다.

물론 처음에는 말씀 묵상이 어려울 겁니다. 먼저 성경 읽기를 습관화하는 데 집중하세요. 그리고 어느 정도 시간이 지나면 성경 읽기와 말씀 묵상을 병행해야 합니다. 많은 사람이 묵상을 '조용히 마음으로 읽는 것'이라고 오해합니다. 그런데 '묵상'의 히브리어는 "하가"(הגה)이고, 그 뜻은 '소리 내어 반복해서 읽는 것'을 의미합니다.

즉, 묵상은 지성적으로 고민하며 접근하는 시간이 아닙니다. 성경을 소리 내어 계속 읽는 겁니다. 성령 하나님의 도우심을 구하며 반복적으로 읽는 거지요.

그래서 묵상을 위한 성경 구절은 너무 길지 않은 게 좋습니다. 시중에 묵상을 돕는 책이 많이 나와 있고, 매일 묵상할 구절이 정해져 있어서 도움받을 수 있어요. 하지만 가능하다면, 좀 어렵더라도 성경책으로 묵상하라고 도전하고 싶습니다.

일반 성경책을 보면, 성경의 내용을 구분해놓은 작은 동그라미 표시가 있습니다. 이 표시에 따라 한 구간을 반복해서 읽고 또 읽는 겁니다. 이때 기억해야 할 것은 묵상은 성경을 연구하는 시간이 아니라는 거예요.

우리는 신학을 공부한 목회자가 전해주는 설교와 양육 훈련을 통해 성경을 배웁니다. 배움은 그런 시간에 맡기세요. 성경을 반복해서 읽는 것만으로도 충분한 묵상을 할 수 있습니다. 만약 말씀을 충분히 이해하고 나서 묵상하고 싶다면, 새벽 설교 본문으로 설교를 들은 후에 기본적으로 이해하고, 그 말씀을 반복해서 읽으며 더 깊은 묵상으로 들어가는 것도 좋습니다.

성경을 반복해서 읽을 때 얻는 유익이 있어요. 저는 설교를 준비할 때 본문을 묵상하는 데 가장 많은 시간을 할애합니다. 때로는 참 어려운 본문을 만날 때도 있어요. 처음 성경 본문을 보면 답답하고 무슨 뜻인지 모를 때도 있습니다. 그런데 그렇게 복잡해 보이는 본문도 계속 읽다 보면 풀리기 시작합니다. 안 보이던 것들이 보여요. 이것이 묵상의 힘입니다.

말씀은 다음 순서로 묵상하면 좋습니다.

첫째, 말씀을 관찰하는 시간 갖기

성경 읽는 속도를 늦추고, 하나님과 대화하듯 천천히 묵상 본문을 반복해서 읽는 겁니다.

둘째, 말씀을 해석하는 시간 갖기

성경 본문을 살펴보고, 의미하는 바를 살펴봅니다. 이때 유독 끌리는 구절이나 단어가 있다면 멈추고 그 부분을 집중적으로 읽으며 묵상합니다. 성령께서 주목하게 하시는 신호일 수 있습니다. 해석하며 떠오르는 생각이 있다면 노트에 적으세요.

셋째, 지금 내 삶에 어떻게 적용할지 묻는 시간 갖기

묵상의 꽃은 '적용'입니다. 묵상한 말씀 속에서 얻은 깨달음, 감동, 결단 등을 종합해 내 삶에 적용하여 순종할 부분을 정하고, 하루 동안 행동으로 옮기는 겁니다. 매일의 작은 순종이 성령의 감동을 더 잘 누리게 한다는 걸 기억하세요.

처음에는 묵상이 어렵게 느껴질 수 있습니다. 그래도 말씀 묵상을 포기하지 마세요. 저도 제대로 묵상하기까지 힘든 시간이 있었습니다. 1년 넘게 묵상 노트에 성경 본문만 쓸 때가 있었어요. 아무리 묵상해도 뭐가 뭔지 잘 모르겠더라고요. 그런 시간이 계속되었습니다. 묵상할 성경 본문을 적어놓기만 하고 노트를 덮는 일이 부지기수였지요. 그러다 문득 '이렇게 본문만 적는 일이 언제까지 계속될까?' 하는 마음이 들며 도전 의식이 생겼습니다.

그런데 답답한 시간의 끝이 오더군요. 제 개인적인 간증이지만, 포기하지 않고 나아가니 습관이 되어 결국 그 단계를 뛰어넘는 은혜를 경험하게 되었습니다. 그 후로 묵상이 되기 시작했어요. 특별히 뭔가 한 게 아니라 그저 묵묵히 묵상을 지속했던 거예요. 인내하며 포기하지 않으면 반드시 끝이 옵니다.

버티는 것이 영성입니다. 누가 버팁니까? 간절한 사람이 버팁니다. 성경을 보면 이런 간절함은 언제나 믿음과 연결되어 있어요. 하나님 앞에 간절하면 버틸 힘이 생깁니다.

하나님이여 사슴이 시냇물을 찾기에 갈급함같이 **내 영혼이 주를 찾기에 갈급하니이다** 시 42:1

아침에 물을 찾아 헤매는 사슴은 포기하지 않습니다. 그것이 유일한 생존의 길이기 때문입니다. 물을 찾아야만 하루를 살아낼 수 있어요.

우리가 하나님의 말씀을 묵상하는 이유는 그 말씀이 우리에게 길이요 생명이기 때문입니다. 오늘 하루 말씀의 생명수가 부어지지 않으면 한 걸음도 떼지 못하는 영적 현실을 깨닫는다면, 말씀 묵상이 선택이 아닌 필수가 됩니다.

결국 믿음의 사람에게 간절함이 있으면 잘 버틸 수 있습니다. 인생에서 성령의 감동을 따르는 시간이 얼마나 중요한가요! 그렇다면 성경을 읽어야 합니다.

하나님은 먼저 말씀하신 후에 행하십니다. 그분이 하시고자 하는 뜻을 성경 66권을 통해 완전하게 말씀하셨어요. 우리를 포함한 세상 모든 만물을 향한 뜻과 계획을 담아두셨습니다. 이 말씀을 우리가 읽고 깨달을 때, 하나님께서 우리 삶에 행하실 겁니다.

9장

기도를 통한
성령의 감동

기도하지 않는 이유

하나님의 뜻에 순종하며 성령의 감동을 따르고자 한다면, 기도의 삶은 말씀만큼이나 필수적입니다. 말씀과 기도, 이 두 가지는 성령의 감동을 온전히 누리기 위한 양 날개와 같습니다.

성령의 감동은 말씀으로 깨닫고, 기도로 깊어지는 거예요. 기도 없는 신앙은 머리로만 아는 신앙이 되기 쉽고, 말씀 없는 기도는 방향을 잃기 쉽습니다. 말씀과 기도가 함께 갈 때, 성령의 인도하심을 더 분명하고 풍성하게 경험하게 되지요.

많은 이가 성령의 감동과 이끄심을 경험하길 원하면서도 정작 기도하지 않는다는 사실이 안타깝습니다. 인생의 위기가 찾아와도 걱정만 하고, 기도의 자리로 나아가지 못하는 경우를 목회 현장에서 참 많이 목격합니다.

기도가 우리의 일상이 되어야 함을 알면서도, 왜 삶에서 실천하지 못하는 걸까요. 두 가지 이유가 있습니다.

첫째, 기도하려면 강한 의지가 필요합니다

내가 원하는 바 선은 행하지 아니하고 도리어 원하지 아니하는 바 악을 행하는도다 만일 내가 원하지 아니하는 그것을 하면 이를 행하는 자는 내가 아니요 내 속에 거하는 죄니라 롬 7:19,20

기도해야 한다는 것도 알고, 기도를 원하기까지 해요. 그런데도 정작 나는 자연스레 악을 행합니다. 성경은 그 이유를 내 속에 거하는 '죄' 때문이라고 합니다. 내 죄가 하나님의 뜻을 막는 거지요. 원하는 게 아니라 원치 않는 걸 행하게 하는 게 죄의 힘입니다.

아무것도 염려하지 말고 다만 모든 일에 기도와 간구로, 너희 구할 것을 감사함으로 하나님께 아뢰라 빌 4:6

우리 삶에 염려를 일으키는 일이 얼마나 많은가요. 그런데 하나님은 아무것도 염려하지 말라고 하십니다. 염려를 기도로 바꾸라고 하세요. 염려할 일이 무엇이든 기도와 간구로 그 자리를 채우라고 말씀하십니다. 염려가 우상숭배로 가는 지름길이기 때문입니다.

출애굽기를 보면 태양, 강, 개구리, 이(벼룩), 파리, 가축, 심지어 종기도 애굽 사람들이 섬기던 우상과 연결되어 있었어요. 이 우상들은 대부분 애굽 사람을 괴롭히는 염려의 원인이었습니다. 태양은 너무 강렬하고 뜨거웠고, 강은 비만 오면 범람했으며, 개구리나 벼룩의 창궐로 고통이 심했어요. 또한 종기와 같은 피부질환으로 고통받는 경우도 많았습니다.

염려가 생기면 어떤 일이 벌어지나요. 염려의 원인이 되는 대상이나 환경을 우상으로 만들어버립니다. 염려와 두려움을 피하고자 오히려 그 염려의 원인을 신으로 섬기며 엎드립니다. 이것이 죄성을 가진 사람들이 염려와 두려움을 대하는 방식이에요.

성경은 우리에게 염려가 밀려올 때 그대로 품고 있지 말고 기도로 바꾸라고 가르칩니다. 사실 두려운 상황에서 염려의 감정이 올라오는 것은 너무나 자연스럽습니다. 노력하지 않아도 염려는 우리의 마음을 순식간에 잠식합니다.

하지만 기도는 다릅니다. 기도는 저절로 되지 않아요. 기도는 우리의 의지로 스스로 '선택'해야만 시작됩니다. 염려는 감정이지만, 기도는 결단입니다. 그래서 성경은 염려할 상황 앞에서 마음을 붙잡고, 기도로 바꾸라고 도전하는 거예요.

> 시험에 들지 않게 깨어 기도하라 마음에는 원이로되 육신이 약하도다 하시고 마 26:41

예수님이 겟세마네 동산에서 기도하실 때 잠들어 있는 제자들에게 하신 말씀입니다. 잠은 육신의 원함을 따라 일어나는 본능이지만, 기도는 다릅니다. 본능의 영역이 아니라 의지의 영역이지요. 결단과 함께 의지적 노력이 필요합니다.

가만히 있으면, 절대 기도의 자리로 나아가지 못합니다. 그렇다면 어떻게 본능을 이기고 기도의 자리로 나아갈 수 있을까요.

> 새벽 아직도 밝기 전에 예수께서 일어나 나가 한적한 곳으로 가사 거기서 기도하시더니 막 1:35

예수님은 하루가 부족할 정도로 바쁘고 고단한 일정을 보내셨습니다. 그런데도 시간을 정하시고, 기도하기에 합당한 장소를 찾으셨어요. 왜 그렇게 기도하셨을까요. 기도 가운데 하나님과 교제하며 누리는 영적 양식이 너무나 풍성했기 때문입니다. 그 필요가 채워지니 본능을 이기는 거지요.

제가 수영을 시작한 지 3년이 넘었습니다. 지금은 수영하는 게 즐겁고 유익하지만, 처음에는 얼마나 큰 결단과 의지가 필요했는지 모릅니다. 그런데 왜 힘들어도 계속 나갔을까요. 수영이 주는 유익이 눕고 싶은 본능을 이겼기 때문입니다.

하지만 수영을 처음 시작할 때는 그 유익을 누리기가 쉽지 않았습니다. 처음에는 저도 너무 힘들었어요. 50미터만 수영해도 현기증이 날 정도였지요. 그러나 그 시간을 참고 견디다 보니 조금씩 수영에 재미가 붙었고, 유익이 명확하게 느껴졌습니다. 수영은 전신 운동이라 1시간만 제대로 해도 얼마나 몸에 좋은지 몰라요.

기도도 이와 같습니다. 죄성과 본능의 지배 아래 있던 우리가 기도를 훈련하려면 굳은 결단과 의지가 필요합니다. 처음에는 힘들고 어렵지만, 의지적으로 기도 자리에 나아가면 어느 순간부터 기도의 유익을 경험하게 됩니다. 그리고 꾸준히 그 길을 걸어가면 기도가 의무가 아니라 즐거움과 능력의 통로가 됩니다.

처음에는 억지로라도 나아가야 합니다. 그러다 보면 기도 자리가 어느새 내 영혼이 가장 숨쉬기 좋은 곳이 됩니다. 마치 물속에서 수영할 때 비로소 몸이 살아나는 것처럼, 기도의 자리에서 영혼이 살아나고 회복됩니다. 결국 기도가 '해야 할 일'이 아니라 '하지 않고는 못 견디는 생명 활동'이 됩니다.

사도 베드로를 보세요. 겟세마네 동산에서 졸던 그가 사도행전에서는 정해진 시간에 기도의 자리로 나아가는 기도의 사람으로 변화했습니다. 그는 기도를 통해 성령의 다양한 감동을 경험하며 믿음의 길을 굳건히 걸어갔습니다. 그래서 베드로는 더 기도할 수밖에 없었어요. 기도가 그의 필요를 채우고, 어려움을 해결하는 유일한 길이었기에 본능을 이기고 기도의 자리로 나아갔던 거지요.

기도는 베드로의 삶을 완전히 새롭게 만들었습니다. 성령 충만을 경험하고, 절망의 순간마다 길을 열어주었으며, 닫힌 마음과 민족의 장벽까지 허물게 했습니다. 결국 베드로는 기도의 사람으로, 교회를 세우는 반석과 같은 믿음의 걸음을 걸을 수 있었지요.

기도의 유익을 온전히 깨닫는다면 죄의 본능을 이길 거룩한 동기를 얻게 됩니다. 우리 삶에서 기도의 필요를 찾아야 합니다. 기도 자리로 나아갈 거룩한 의지가 우리 안에서 일어나야 하지요.

둘째, 기도에 대해 오해하기 때문입니다

많은 사람이 기도를 단지 자기 목적을 이루는 수단으로만 생각합니다. 그래서 원하는 응답이 없으면 금세 기도를 멈추고, "기도해도 아무 소용이 없다"라고 말하곤 하지요. 왜 이런 일이 벌어질까요. 기도의 참 목적을 알지 못하기 때문입니다.

구하여도 받지 못함은 정욕으로 쓰려고 잘못 구하기 때문이라

약 4:3

성경은 기도 응답을 받지 못하는 이유 중 하나가 정욕으로 쓰려고 잘못 구하기 때문이라고 지적합니다. 기도를 자신의 정욕을 채우는 도구로 사용한다는 거지요. 기도의 이유와 목적의 중심에 '하나님'이 아니라 '자기 자신'이 있는 겁니다. 이런 기도를 하나님께서 기뻐하실 리 없습니다.

사실 우상적 신앙의 뿌리도 여기에 있습니다. 하나님을 경배의 대상이 아니라 내 욕망을 이뤄주는 수단으로 삼는 겁니다. 하나님은 이런 신앙을 경계하십니다.

십계명의 둘째 계명은 "자기를 위하여 새긴 우상을 만들지 말라"입니다(신 5:8). 우상의 중심에 '신'이 아니라 '자기 자신'이 있는 겁니다. 하나님보다 자기를 앞세우고, 자신의 유익과 만족을 위해 신을 만들어 섬기는 것이 바로 우상숭배의 본질이에요. 결국 우상숭배는 하나님을 경외하기 위한 것이 아니라 '나를 위해 존재하는 신'을 만드는 것입니다. 그래서 하나님은 "자기를 위하여"라는 표현을 통해 우상의 뿌리에 자리한 자기중심성을 정면으로 경고하십니다.

그러나 성경에서 말하는 기도의 목적은, 하나님을 영화롭게 하기 위해(시 50:15), 하나님의 뜻에 동참하기 위해(요일 5:14), 하나님께 마음을 토하기 위해(시 62:8), 우리의 필요를 하나님께 아뢰고 더욱 의지하기 위해서입니다(빌 4:6). 하나님과의 만남에 초점을 맞추는 시간인 거예요.

기도는 내 욕구를 성취하기 위한 마법의 주문이 아니라 하나님의 뜻에 내 마음을 맞추는 은혜의 자리여야 합니다. 하나님의 뜻 앞에 내 마음을 내려놓고 욕망을 정화하며 그 뜻을 삶으로 빚어내는 은혜의 통로입니다. 그래서 기도할수록 내 뜻은 작아지고 하나님의 뜻이 커지는 것이 참된 기도의 목적이지요.

앞에서 언급한 대로 성령은 바람 같아서 우리가 임의로 예상하거나 판단할 수 없습니다. 우리가 어떤 방향과 방식을 정해놓을 수는 없지요. 만약 그렇게 한다면 실패할 거예요. 그래서 우리에게 성령 하나님을 존중하면서 그분의 뜻을 알고자 하는 겸손이 필요합니다.

그런데 우리는 어떻게 기도하나요? 문제가 생기면 스스로 해결 방안을 정해놓고 기도합니다. 나의 원함과 바람대로 기도하는 거예요. 자신은 하나님 자리에 앉아서 하나님을 능력 많은 비서처럼 부리는 안타까운 일이 벌어지고 말지요.

기도 시간은 내 계획과 생각을 내려놓고, 바람 같은 성령을 담는 시간이 되어야 합니다. 그런 의미에서 언제나 성령 앞에 백지 상태로 나아가야 해요. 기도를 통해 우리가 조정되는 거예요. 그때 부어지는 은혜가 있습니다.

구하라, 찾으라, 두드리라

우리는 기도할 때 이 약속의 말씀을 꼭 기억해야 합니다.

구하라 그리하면 너희에게 주실 것이요 **찾으라** 그리하면 찾아낼 것이요 문을 **두드리라** 그리하면 너희에게 열릴 것이니 구하는 이마다 받을 것이요 찾는 이는 찾아낼 것이요 두드리는 이에게는 열릴 것이니라 마 7:7,8

이 말씀은 예수님의 단순한 요청이 아닙니다. 세 가지 동사 모두 '현재 능동 명령형'입니다. 한 번만 행하라는 게 아니라 반복해서 지속하라는 의미지요.

먼저, "구하라"는 한 번의 명령이 아닙니다. 끊임없이 계속 하나님께 간구하라는 겁니다. 우리는 하나님의 자녀답게 담대히 필요를 아뢰고, 그분의 은혜를 기대하며 반복해서 기도해야 합니다.

"찾으라" 역시 지속적 명령형입니다. 단순히 마음으로 생각하는 수준이 아니라 적극적으로 하나님의 뜻을 알고자 탐구하고, 성실하고 진지하게 그 길을 추구하라는 겁니다. 말씀 속에서, 기도의 자리에서, 삶의 현장에서 그분의 뜻을 부지런히 찾는 태도를 강조합니다.

마지막으로, "두드리라"는 구하고 찾는 것보다 훨씬 더 적극적인 행동입니다. 두드리는 데는 용기와 인내가 필요합니다. 대답이 더딘 것 같아도 포기하지 않고 끝까지 문을 두드리라는 겁니다. 하나님께서 열어주실 때까지 그 문 앞에 담대히 서 있으라는 말씀이지요.

기도는 이 세 가지 동사가 결합한 모습입니다.

- **구하는 기도: 하나님 앞에 간구를 올려드리는 시간**
- **찾는 기도: 하나님의 뜻을 진지하게 탐구하는 시간**
- **두드리는 기도: 응답받을 때까지 인내하며 나아가는 시간**

이것이 우리가 드려야 할 기도의 모습입니다. 그리고 그 기도에는 반드시 우리의 '기대'와 '믿음'이 있어야 합니다. 예수님은 약속하셨습니다. 구하면 주실 것이고, 찾으면 찾게 될 것이고, 두드리면 열릴 것이라고 말입니다.

저는 이 말씀에서 기도의 중요한 원리를 발견합니다. 구하고 찾고 두드리는 과정을 순서대로 이해하는 겁니다. 기도는 자신의 필요를 구하는 데서 시작합니다. 그런데 구해도 응답이 없으면 어찌해야 할까요. 하나님의 뜻을 찾기 위해 엎드리는 시간이 필요합니다.

"하나님의 뜻이 무엇입니까?"라고 물으며 그분의 뜻을 찾는 거지요. 그렇게 찾다 보면 어느 순간 우리 안에 그 뜻이 선명하게 보이기 시작합니다. 그런데 그 뜻이 드러났다고 해서 저절로 이루어지는 건 아니에요. 하나님의 뜻에는 하나님의 능력이 나타나야 하기에, 우리는 그 뜻이 성취되도록 순종하며 하나님께 간절히 두드려야 합니다.

하나님의 뜻을 아는 데서 그치지 않고, 그 뜻이 우리 삶에 이루어지도록 천국 문을 두드리는 기도가 일어나야 하는 거예요.

기도는 이런 관점에서 이해해야 합니다. 구하는데도 응답이 없다면 하나님의 뜻을 찾지 않았기 때문이고, 찾았는데도 응답이 없다면 두드리지 않았기 때문입니다. 구하다 찾아낸 하나님의 뜻을 가지고 더 강력하게 두드려 보세요. 그것은 다름 아닌 천국 문을 두드리는 것입니다.

놀랍게도 기도가 바로 그런 시간입니다. 그때 하나님께서 하늘 문을 여시는 거예요. 이것이 기도자의 태도입니다.

"구하라! 찾으라! 두드리라!"

우리는 계속 구하고, 찾고, 두드려야 합니다. 받고, 찾고, 열릴 때까지!

아침, 기도 응답을 위한 최적의 시간

구하고 찾고 두드리는 기도를 제대로 하기 위해 성경이 가르치는 기도의 원리와 노하우를 배워야 합니다.

다윗의 고백을 보세요.

> 여호와여 **아침에** 주께서 나의 소리를 들으시리니 **아침에** 내가 주께 기도하고 바라리이다 시 5:3

다윗은 수없이 기도하며 하나님께서 역사하시고 응답하시는 특별한 경로를 발견했습니다. 그것은 바로 '아침에' 드리는 기도였지요.

저도 기도를 잘 알지 못하던 시절에는 이렇게 생각했습니다.

'사람마다 체질이 다른 거야. 나는 저녁형 인간이니까 저녁에 기도해야지.'

저만 그렇게 생각하고 만 게 아니라 성도에게도 자기에게 맞는 기도의 때를 정하라고 설교하곤 했습니다. 그러나 시간이 지나며 알게 되었어요. 참 합리적인 것 같지만, 철저히 자기중심에서 하는 말이라는 것을요.

로비스트의 기본은 상대의 입장과 필요를 파악하고 존중하며 접근하는 거라고 합니다. 기도도 그와 같습니다. 기도는 그 기도에 응답하시는 하나님께 철저히 초점을 맞춰야 합니다. 내 체질이나 일정에 맞추는 게 아닙니다. 기도는 내 편의가 아니라 하나님께 맞추는 겁니다.

다윗은 끊임없이 구하고, 찾고, 두드리는 과정에서 하나님께서 아침에 그의 기도를 들으신다는 걸 알았어요.

"아침에 주께서 나의 소리를 들으시리니!"

그는 이 확신으로 아침마다 하나님께 기도하고 바라며 나아갔습니다.

아침은 신비로운 시간입니다. 저녁에는 그날의 일들로 생각이 복잡하지만, 잠을 자고 일어난 아침에는 새롭게 시작할 힘이 부어집니다. 전날 얽히고 무거웠던 문제도 아침이 되면 '다시 해볼 수 있겠다'라는 마음으로 바뀌곤 하지요.

저 또한 그날의 힘든 일로 밤까지 고통스러워하다가도 다음 날 아침에 하나님께 나아가 기도하며 새로운 힘과 능력을 얻을 때가 얼마나 많은지 모릅니다.

아침에 하나님을 찾을 때 마음의 평안을 얻고, 영적 균형을 회복하게 됩니다. 하나님과 교제로 하루를 시작하면 우리 삶이 정돈되고, 하늘의 평안으로 채워지는 걸 느낍니다. 그래서 성도에게 아침은 단순한 하루의 시작이 아니라 하나님의 은혜와 기대에서 출발하는 시간입니다.

성경은 우리에게 그 상징적인 예를 보여줍니다. 하나님은 광야의 이스라엘 백성에게 아침마다 만나를 내려주셨습니다. 그들은 생존을 위해 매일 아침 밖으로 나가야만 했지요. 아침은 하나님의 공급을 경험하는 시간이었습니다.

여기서 '만나'는 우리의 '아침기도'와 같은 상징적 의미가 있습니다. 이스라엘 백성이 아침마다 생명의 양식을 먹기 위해 광야로 나아간 것처럼, 우리의 아침도 하나님의 은혜를 기대하며 기도로 나아가야 합니다.

예수님은 늘 새벽 미명에 기도하셨습니다(막 1:35). 이것을 기억해야 합니다. 아침에 더 자고 싶은 게 당연합니다. 그러나 제자의 삶은 내 몸의 습관에 맞추는 게 아니라 삶의 패턴을 하나님께 맞추는 겁니다. 이것이 곧 기도의 시작이지요.

기도는 내가 필요할 때 하나님께 잠시 아뢰는 행위가 아닙니다. 하나님을 찾고 두드리며 그분의 뜻에 마음을 맞춰 가는 과정이에요. 그래서 그전에 하나님을 향한 갈망, 영적 목마름이 있어야 해요. 하나님을 찾고 두드리는 열망이 일어날 때, 우리는 비로소 하나님께 맞추기 시작합니다. 삶의 패턴을 하나님께 맞추세요. 그분이 무엇을 기뻐하시고 어떤 방식으로 나아갈 때 응답하시는지 깊이 고민하길 바랍니다. 그렇게 간구하며 하나님을 만나는 '거룩한 로비스트'가 되세요. 그는 자신의 시간표가 아니라 하나님의 시간표에 무릎 꿇는 사람입니다.

성령의 감동을 누리기 위한 기도법

하나님 앞에 나아갔다면, 이제 어떻게 기도해야 할까요?

첫째, 죄의 문제를 해결해야 합니다

기도를 막는 가장 심각한 장애물은 우리의 '죄'입니다. 하나님 앞에서 죄를 고백하며 회개로 나아가는 시간이 필요합니다.

> 내가 나의 마음에 죄악을 품었더라면 주께서 듣지 아니하시리라
> 시 66:18

기도는 하나님과 영적으로 소통하는 자리입니다. 그것을 가로막는 것이 우리의 죄입니다. 죄의 문제를 해결하려면 하나님 앞에 자기 죄를 고백하고 회개하면 됩니다. 성경은 "자기의 죄를 숨기는 자는 형통하지 못하나 죄를 자복하고 버리는 자는 불쌍히 여김을 받으리라"(잠 28:13)라고 말씀합니다. 세상은 어떻게든 죄를 감추려 하지만, 하나님 앞에서는 죄를 자복하고 버리는 게 살길이에요. 그 길에서 우리는 하나님의 긍휼을 얻습니다.

> 마음이 청결한 자는 복이 있나니 그들이 하나님을 볼 것임이요
> 마 5:8

회개는 하나님을 보는 길입니다. 마음을 열고 하나님 앞에서 떠오르는 죄가 있으면 온전히 회개하세요. 예수 보혈을 의지하여 나아가는 겁니다.

둘째, 기도를 통해 내 생각을 내려놓아야 합니다

> 너는 마음을 다하여 여호와를 신뢰하고 네 명철을 의지하지 말라 너는 범사에 그를 인정하라 그리하면 네 길을 지도하시리라 잠 3:5,6

기도는 모든 상황과 환경 가운데 계시는 하나님의 뜻을 아는 시간입니다. 하나님께서 우리의 길을 이끄시는 은혜를 경험하려면 모든 일 가운데 함께하시는 하나님을 신뢰하고 내 명철을 의지하지 않는 겁니다. 여기서 말하는 "명철"은 원문을 보면 '지식적 이해력 또는 분별력'을 의미합니다. 우리는 하나님을 신뢰하며 내 머릿속 명철을 내려놓아야 합니다.

하나님 앞에 나아갈 때 백지를 들고 나가야 합니다. 내가 생각하는 문제의 답과 기대를 내려놓고, 하나님이 부어 주실 지혜와 이끄심을 기대하며 나아가는 것이 너무나 중요합니다. 내 명철을 의지했던 영역을 기도 가운데 정리하세요. 죄를 고백하며 회개하는 것만큼 이런 시간이 필요합니다. 성령의 감동을 따르고자 기도한다면 더욱이 이 시간이 확보되어야 합니다.

셋째, 기도 중에 '침묵과 기다림'의 시간이 필요합니다

오늘날 세상은 소음과 분주함으로 가득 차 있습니다. 한 연구에 따르면, 사람들은 하루 평균 2,600번 이상 스마트폰을 만

진다고 합니다. 또한, 하루 평균 74GB, 약 2만 페이지에 달하는 정보를 접한다는 보고도 있습니다. 이는 인간의 뇌가 감당할 수 없는 수준의 정보입니다. 우리는 뇌에 과부하가 걸린 채 살아가고 있는 겁니다.

이런 시대에 어떻게 하면 성령의 감동에 민감하게 반응할 수 있을까요? 그 해답은 '침묵과 기다림'입니다. 시편 62편에서 다윗은 이렇게 고백합니다.

> 나의 영혼아 잠잠히 하나님만 바라라 무릇 나의 소망이 그로부터 나오는도다 시 62:5

다윗은 자기 영혼에게 "잠잠히 하나님만 바라라"라고 명령합니다. 단순히 조용히 있으라는 게 아니라 하나님 안에 머무르기 위해 잠잠하라는 겁니다. 하나님 앞에 머물며 그분의 뜻을 들으려면 그분 앞에 잠잠히 머무는 시간이 필요합니다.

침묵 자체가 갖는 힘이 있어요. 그래서 다른 종교도 고요의 힘을 강조합니다. 명상이나 요가 역시 침묵을 통해 집중하는 방식을 사용하지요. 뉴에이지 운동이나 다른 종교에서도 침묵이 중요한 통로가 됩니다.

하나님 앞에서 침묵할 때 얻는 유익이 있어요. 성경에 하나님 앞에서 잠잠하고 고요하라는 말씀이 여러 차례 나옵니다.

너희는 가만히 있어 내가 하나님 됨을 알지어다 시 46:10

나의 영혼이 잠잠히 하나님만 바람이여 시 62:1

여호와 앞에 잠잠하고 참고 기다리라 시 37:7

침묵은 하나님과 영적으로 교제하기 위한 거룩한 통로입니다. 하나님께 기도로 간구한 후에 침묵하는 시간을 가지세요. 침묵은 정적인 시간이 아니라 성령의 감동을 기다리는 시간입니다. 이 시간에 떠오르는 생각과 성경 구절, 사람 혹은 특별한 것이 있다면 기억하고 기도로 이어가세요.

특히 기도 중에 하나님 앞에서 침묵할 때 중요한 영적 태도가 있습니다. "나의 영혼이 잠잠히 하나님만 바람이여"(시 62:1)라는 말씀은 하나님을 향한 침묵이 하나님을 바라는 소망으로 이어짐을 말하지요. 그분을 온전하게 기대하고 소망하려면 침묵이 꼭 필요합니다.

하나님 앞에서의 침묵은 무상무념 상태가 아니라, 침묵의 자리를 하나님을 향한 소망으로 채우는 겁니다. 침묵 가운데 일어나는 소망은 강력한 힘이 있습니다.

오직 여호와를 앙망하는 자는 새 힘을 얻으리니 독수리가 날개 치며 올라감 같을 것이요 달음박질하여도 곤비하지 아니하겠고 걸어가도 피곤하지 아니하리로다 사 40:31

"앙망하다"는 '기다리다, 기대하다, 소망하다'라는 의미입니다. 그래서 "여호와를 앙망하는 자"는 '하나님께 소망을 갖고 기다리는 사람'을 뜻하지요. 그런 사람이 새 힘을 얻는다고 합니다. 그 힘이 얼마나 강력한지, 독수리가 날개 치며 올라감 같고, 달음박질해도 곤비하지 않으며, 걸어가도 피곤하지 않을 거라고 약속합니다.

평범한 일상을 묵묵히 걸어갈 때도 하나님을 소망하고, 독수리가 날개 치며 비상하거나 달음박질해야 할 만큼 특별한 상황에서도 하나님을 소망할 때 우리에게 힘이 된다는 거예요. 즉, 삶의 모든 자리에서 하나님 앞에 침묵하고 기다리는 가운데 소망으로 나아가, 그분으로부터 새 힘을 얻는 은혜가 필요합니다.

침묵 속에 임하시는 하나님

얼마 전, 교회의 여러 필요와 성도의 기도제목으로 간절히 기도하던 중 침묵 속에서 하나님이 떠오르게 하신 말씀입니다.

삼손이 잠을 깨며 이르기를 내가 전과 같이 나가서 몸을 떨치리라 하였으나 **여호와께서 이미 자기를 떠나신 줄을 깨닫지 못하였더라** 삿 16:20

삼손이 하나님의 임재가 떠난 사실조차 몰랐다는 말씀이 큰 충격으로 다가왔습니다. 잠잠히 말씀을 묵상하며 하나님 앞에 나아가다가 성령께서 제 마음에 감동을 주셨습니다.

'순전한교회와 성도가 가장 집중해야 하는 건 하나님의 동행과 임재다.'

당시 교회는 성전 이전을 위한 공사가 한창이었고, 처리해야 할 일도 산더미였습니다. 그런데 그때 우리 교회가 무엇을 선택하고 집중해야 하는지 분명히 알게 되었습니다. 그 후로 예배와 기도에 더욱 집중했습니다. 하나님을 더 뜨겁게 예배하고, 하나님의 임재를 사모하며 나아가는 일에 열심을 냈지요.

책을 쓰는 이 시점에서 돌아보니 얼마나 감사한지 모릅니다. 성전 이전과 관련해 교회에 잡음이 없었고, 오히려 온 성도가 감사하고 기뻐하며 한마음으로 걸어왔습니다. 우리가 선택하고 집중했던 예배와 기도를 통해 하나님의 임재를 구했기 때문입니다.

침묵은 기도의 끈을 세우는 통로입니다. 수많은 정보와 소음이 넘쳐나는 시대에 하나님 앞에서 거룩한 침묵이야말로 성령의 감동을 민감하게 붙잡는 길입니다. 이는 단순히 입을 다무는 게 아닙니다. 물질이나 권력, 인간적 도움처럼 하나님보다 앞서 의지하려는 것을 내려놓고 잠잠하게 있는 것입니다. 하나님 자리를 대신한 모든 것을 정리하며, 오직 하나님께만 마음을 두는 게 참된 침묵이지요.

제게 성령의 감동이 가장 강력하게 임하는 시간이 바로 이 침묵의 시간입니다. 침묵과 기다림 속에서 성령의 감동을 경험할 수 있었어요.

'일하러 애쓰지 말고 하나님의 공급하심을 기다려라.'

'교회를 개척하되 몸만 나가라.'

'내가 이끌 것이니 하나님께 집중하라.'

인생의 중요한 순간마다 말씀을 붙들고 기도하며 침묵의 시간에 성령의 감동을 경험했습니다.

다양하게 임하는 성령의 감동

성령의 감동은 여러 모양으로 임한다

옛적에 선지자들을 통하여 **여러 부분과 여러 모양으로** 우리 조상들에게 말씀하신 하나님이 히 1:1

하나님은 한 가지 방식이 아니라 "여러 부분과 여러 모양"으로 말씀하신다고 합니다. 성경과 기도를 통해 말씀하실 뿐 아니라 환상과 꿈, 성령의 은사, 심지어 우리 삶의 환경과 사건 등 다양한 방법으로 소통하십니다.

그리고 이런 소통은 말씀과 기도의 사람, 경건한 사람에게 임합니다. 이것을 명심해야 합니다. 물론 성경에 아직 준비되지 않은 사람 혹은 불신자에게 예외적으로 꿈이나 환상을 주시기도

합니다. 하지만 그건 아주 특별한 경우예요. 성경은 말씀과 기도로 준비된 사람이 하나님의 인도하심을 경험하는 모습을 훨씬 더 많이, 자세하게 보여줍니다.

사도행전에서도 이런 특징을 확인할 수 있습니다. 제자들이 마가의 다락방에서 기도에 힘쓸 때 성령 강림이 임했고, 그때부터 성령의 역사가 본격적으로 일어납니다(행 2:1-4). 빌립에게는 주의 사자가 나타나 광야 길로 가라고 지시하셨고, 그는 성령의 인도하심을 따라 에디오피아 내시를 만납니다. 그런데 그때 에디오피아 내시가 무엇을 하고 있었습니까? 이사야서 말씀을 붙잡고 고민하고 있었습니다. 그는 말씀에 목말라 있었고, 바로 그때 하나님께서 사람(빌립)을 통해 생명의 복음을 전하게 하셨지요(행 8:26-40).

예수님의 제자로 경건했던 아나니아에게도 환상이 임했습니다. 다메섹에서 눈이 멀어 유다의 집에 머물던 사울을 찾아가라는 명령이었지요. 하나님께서 경건한 아나니아를 찾아 특별한 미션을 주신 거예요. 또한 경건한 이방인 고넬료가 기도할 때 천사가 나타나 베드로를 초청하라고 지시합니다.

베드로 역시 무두장이 시몬의 집 지붕 위에서 기도하다가 환상을 보고, 하나님의 이방인 구원 계획을 깨닫습니다. 그리고 바울은 2차 전도 여행 중 아시아에서 복음을 전하려 했으나 성령께서 막으셨습니다. 그래서 사역의 길을 찾으며 기도하던 중, 환상을 통해 마게도냐로 이끄시는 하나님의 뜻을 분명히 알게 되지요. 이후 바울이 3차 전도 여행 후에 죄수의 신분으로 로마에 이르는 과정에서도 상징적으로 드러납니다.

바울을 이끄시는 성령의 감동

바울은 3차 전도 여행 중 에베소에서 성령의 감동 가운데 '예루살렘을 거쳐 로마도 가야 한다'는 큰 방향을 붙잡습니다(행 19:21). 자세한 건 몰랐지만 "결박과 환난이 기다린다", "예루살렘에서 이방인에게 넘겨진다"라는 말씀에 순종하기로 합니다(행 20:23, 21:11). 방향은 알려주셨지만, 경로와 방식은 감춰진 채였지요. 바울이 예루살렘에서 체포된 밤, 주님은 그의 곁에 서서 다시 확증하셨어요.

> 담대하라 네가 예루살렘에서 나의 일을 증언한 것같이 로마에서도 증언하여야 하리라 행 23:11

목적은 재확인해 주셨지만, 여전히 어떻게 가는지는 말씀하지 않으셨어요. 그리고 바울이 로마 군인들에게 잡히자 폭풍처럼 일이 휘몰아칩니다. 유대인들이 암살 음모를 꾸미고, 천부장은 한밤중에 바울을 로마의 행정수도였던 가이사랴로 급히 호송하니다. 그곳에서 바울은 총독 벨릭스 아래 2년을 머뭅니다.

바울이 얼마나 기도하며 말씀을 붙들었을까요. 그런데도 성령은 확실히 말씀하지 않으셨어요. 바울은 정확한 상황을 모른 채 다만 주신 목적을 붙잡고 기다립니다.

2년 후 총독이 베스도로 바뀌자 유대 지도자들은 곧장 베스도에게 바울을 예루살렘으로 이송해달라고 요청합니다. 실상은 도중에 살해할 음모였지요. 베스도는 그것도 모르고 바울을 예루살렘으로 이끌려 했어요.

그 순간 바울이 깨닫습니다. 지금 자신이 사명을 따라 로마로 갈 유일한 길은, 역설적으로 죄수의 신분으로 보호받아 가는 길뿐임을 말이에요. 그래서 바울은 로마 시민권을 내세워 황제에게 "내가 가이사께 상소하노라"(행 25:11)라고 밝힙니다.

이렇게 길이 열립니다. 하나님이 사법 절차를 로마행의 통로로 쓰신 거예요. 그리고 항해 길의 폭풍 속에서 또 한 번 그에게 말씀하십니다.

> 바울아 두려워하지 말라 네가 가이사 앞에 서야 하겠고… 행 27:24

이제는 방법이 또렷합니다. 바울의 로마행은 죄수 신분, '황제 재판'이라는 공적 무대로 옮겨지고 있었던 거예요. 그 길이 얼마나 놀라운 길이었는지, 우리는 알고 있어요. 유라굴로 광풍과

난파, 멜리데에서 일어난 기적들을 말입니다. 그 과정에서 바울은 자신을 호송하던 로마 군인들에게 강한 감동을 심어줍니다.

그리고 마침내 로마에 도착한 바울은 '가택 연금형'을 선고받습니다. 이것이 바울의 로마 1차 투옥이었어요. 놀랍게도 그가 머물던 집은 규모가 있어서 많은 방문자를 만날 수 있었어요. 바울은 갇힌 자리에서 찾아오는 사람들을 영접하며 담대히 복음을 전합니다(행 28:16,30,31).

만약 바울이 자유인으로 로마 교회에 방문했다면 유대인들의 위협을 피해 도망 다녀야 했을지 모릅니다. 그러나 하나님은 더 안전하고 공적인 통로, 군인의 호송과 제국의 법에 따라 보호되는 길로 인도하신 거예요. 바울은 묶였지만, 복음은 매이지 않았습니다.

하나님은 먼저 방향을 제시하시고("로마도 보아야 하리라"), 확증으로 붙들어 주시며("로마에서도 증언하리라"), 상황과 환경 속에서 방법을 열어 가셨습니다("가이사 앞에 서야 하겠고"). 바울은 기도와 예언을 통해 미리 알았지만, 자세한 내용은 모른 채 순간순간 주시는 다양한 성령의 이끄심 가운데 순종하며 로마에 이르렀습니다. 그가 택한 최선은 하나님이 여신 길이 되었고, 그 길에서 복음의 능력이 더 또렷하게 드러났습니다.

참으로 놀라운 것은, 바울이 늘 기도하며 하나님과 깊이 교제했는데도 "너는 죄수의 신분으로 로마에 갈 것이다"라고 미리 알려주시지 않았다는 사실이에요. 하나님은 오히려 상황과 환경을 통해 바울을 한 걸음씩 몰아가셨습니다.

이처럼 하나님은 때로는 말씀으로, 때로는 우리가 피할 수 없는 상황과 환경을 통해 말씀하십니다. 그 외에도 참으로 다양한 경로를 통해 우리에게 뜻을 전하시는 하나님이세요.

성령의 감동이 언제, 어떻게 우리에게 임할지는 다 알 수 없어요. 그래서 우리는 전방위적으로 임할 성령의 감동을 누리기 위해 깨어 있어야 합니다.

성령이 다양하게 임하는 이유

하나님은 왜 이처럼 다양한 방식으로 소통하시는 걸까요?

첫째, 하나님은 인격적인 분이시기 때문입니다

하나님은 우리의 상황과 필요에 따라 가장 적절한 방식으로 말씀하십니다. 어찌 보면 당연한 거지요. 우리가 누군가와 친밀한 관계일 때도 다양한 만남을 갖습니다. 한 가지 방식으로만 소통하지 않아요. 좋은 것을 보면서 이야기를 나누고, 맛있는 음식을 먹으며 마음을 나누지요. 함께 여행을 떠나기도 하고요. 저는 종종 아내와 자연을 오롯이 느낄 수 있는 곳에 가서 가만히 앉아 있을 때가 있어요. 많은 말을 하지 않아도 서로 마음이 통하는 시간을 보냅니다.

하나님도 우리와 인격적인 관계를 맺으세요. 다양한 소통 방식을 취하시는 거예요. 우리가 누구를 닮았는지 기억해야 합니다. 우리는 하나님의 형상을 따라 지어진, 하나님을 닮은 사람들입니다.

둘째, 우리의 둔함과 완고함을 깨우시기 위함입니다

하나님은 한번 말씀하시고 다시 말씀하시되 사람은 관심이 없도다 사람이 침상에서 졸며 깊이 잠들 때에나 꿈에나 밤에 환상을 볼 때에 그가 사람의 귀를 여시고 경고로써 두렵게 하시니 이는 사람에게 그의 **행실을 버리게 하려 하심이며 사람의 교만을 막으려 하심이라** 욥 33:14-17

엘리후의 말은 분명합니다. 하나님께서 꿈이나 환상을 통해 말씀하시는 이유는, 하나님이 이미 말씀하셨어도 우리가 귀 기울여 듣지 않았기 때문입니다. 하나님은 끊임없이 말씀하시지만, 우리는 종종 관심이 없거나 마음이 닫혀 있어서 듣지 못합니다. 그때 특별한 방식으로 우리의 주의를 환기하세요.

성경은 인간이 얼마나 둔하고 완고한지 여러 차례 보여줍니다. 광야에서 이스라엘 백성은 하나님의 음성을 수없이 들었지만, 불순종을 일삼습니다(출 16장, 민 14장). 선지자들을 통해 거듭 경고해도 듣지 않습니다(렘 7:13, 사 6:9,10). 이 같은 우리의 완악함 때문에 하나님은 때로 강력한 방식인 꿈, 환상, 특별한 사건 등을 통해 말씀하시는 겁니다.

그러면서 엘리후는 하나님께서 다양한 방식으로 말씀하시는 이유 두 가지를 말합니다. 첫째는 잘못된 행실을 버리게 하기 위함입니다. 잘못된 길에서 돌이키라고 일깨우시는 거예요. 둘째는 교만을 막으려 하심입니다. 사람은 본성적으로 스스로 높아지려 하고, 자기 힘으로 살고자 합니다. 하나님은 꿈과 환상이라는 특별한 경험을 통해 인간의 교만을 꺾으시고, 그분 앞에 겸손히 서게 하십니다.

이 말씀은 우리의 신앙생활에도 중요한 교훈을 줍니다. 우리는 종종 '하나님이 내게 말씀하지 않으신다'라고 생각합니다. 하지만 하나님이 이미 여러 번 말씀하셨는데도, 우리가 관심을 기울이지 않아서 듣지 못하는 경우가 많습니다. 그때 하나님은 우리의 귀를 열게 하시기 위해 일상의 틀을 깨시고 꿈이나 환상 또는 특별한 사건을 통해 말씀하십니다.

하나님이 우리에게 말씀하실 때 조용히, 익숙한 방식으로만 하신다면, 우리는 대수롭지 않게 여기며 무시할 것입니다. 그래서 충격적이고, 예상치 못한 방법을 사용하십니다. 이는 우리를 두럽게 하려는 게 아니라, 생명의 길로 돌이키시려는 하나님의 은혜로운 개입입니다.

셋째, 하나님의 뜻을 확증하기 위함입니다

말씀과 기도를 통해 주신 말씀을 더 깊이 새기라고 특별한 방법으로 소통하시고, 성도가 확신하며 순종하게 하십니다.

사도행전 10장 베드로와 고넬료 사건을 보세요. 기도하는 베드로에게 환상을 보여주시며 이방인도 하나님의 구원 대상임을 깨닫게 하셨지요. 그리고 곧바로 이방인 고넬료가 보낸 이들을 만나 그의 집에 초대받으면서 이방인 구원에 관한 확증을 얻습니다. 만약 환상만 있었다면 베드로가 혼란스러웠을 텐데, 실제 사람과 사건을 통해 동일한 메시지가 반복되자 확신을 얻고 이방인에게 복음을 전합니다.

하나님은 우리의 연약함을 아시고 같은 메시지를 여러 통로로 확인하게 해주십니다. 말씀과 기도 가운데 주신 감동을 때로 꿈이나 환상, 예언, 사건으로 반복하시는 건 성도를 혼란스럽게 하려는 게 아니라, 확신을 갖고 담대히 순종하게 하시려는 하나님의 은혜입니다.

그래서 우리는 같은 말씀이나 감동이 반복될 때 '우연인가?' 하며 흘려버리지 말고, 하나님께서 확증해 주시는 은혜의 두드림으로 받아들여야 합니다. 하나님은 우리의 믿음을 세우시고,

주저하지 않고 그 뜻을 따르게 하시려고 여러 방식으로 말씀하십니다.

넷째, 하나님의 살아 계심을 나타내시기 위함입니다

하나님께서 지금도 살아 역사하심을 경험하게 하시려는 것입니다. 성경 속 하나님은 과거에만 말씀하셨던 분이 아니라 오늘도 우리 삶 가운데 말씀하고 개입하십니다. 우리가 그것을 실제로 느끼고 경험하도록 때때로 하나님은 우리가 예상치 못한 방식으로 말씀하시고, 특별한 사건을 통해 하나님 자신을 드러내십니다.

하나님을 머리로는 믿지만, 실상은 멀리 계신 것처럼 느낄 때가 있습니다. 마치 내 일상은 내가 책임지고, 하나님은 '교회에 계시는 분'으로 생각하기 쉽습니다. 하나님은 그런 생각을 깨뜨리길 원하십니다. '내가 네 삶에 지금도 함께한다. 너를 인도한다'라는 사실을 알려주시기 위해 다양한 방식으로 우리 삶에 말씀하십니다.

출애굽기의 모세를 보세요. 모세가 떨기나무 불꽃 가운데 임하신 하나님을 만나면서 단순히 "하나님이 계신다"라는 이론이 아니라 "지금 여기 하나님이 살아 계신다"라는 사실을 경험하며 믿음이 일어났어요(출 3장). 다메섹 도상에서 사울이 부활하신 주님을 만난 일도 마찬가지입니다(행 9장). 그는 예수 믿는 이들을 잡으러 가다가 오히려 살아 계신 주님의 빛이 임하는 초현실적인 현상과 하나님의 음성을 경험했고, 그의 인생이 송두리째 바뀌었습니다.

하나님은 여전히 우리 삶의 작은 부분까지 관여하십니다. 우리의 길을 막거나 새 길을 열기도 하시고, 사람을 보내 말씀하십니다. 이를 통해 성경이 옛이야기가 아니라 오늘 우리 삶에서 동일하게 적용된다는 확신을 얻습니다.

성령의 감동을 경험하는 다양한 통로

성령의 감동은 말씀과 기도 외에 어떻게 전해질까요?

1. 예언(Prophecy)

예언은 단순히 미래 예측을 넘어서서 하나님의 메시지를 전달하는 사역입니다. 성경에서 예언은 하나님의 뜻과 계획을 사람들에게 선포하는 것으로, 개인을 향한 경고이자 위로이며 공동체를 향한 권면과 교훈이에요.

"예언하는 자는 사람에게 말하여 덕을 세우며 권면하며 위로하는 것이요"(고전 14:3)라는 말씀에서 보듯이 예언의 본질은 교회를 세우고 성도를 성숙하게 하는 데 있습니다. 단순한 정보 제공이 아니라 성령이 주시는 말씀을 전함으로써 하나님의 백성이 그 뜻대로 살도록 이끄는 겁니다.

성경은 예언을 통해 하나님의 주권적 계획을 드러냅니다. 사도행전 21장에서 선지자 아가보는 바울이 예루살렘에서 결박될 것을 예언했어요. 이는 바울의 길을 막는 게 아니라 그에게 확신 있게 사명을 감당하라는 뜻이었어요. 하나님은 예언을 통해 그분의 계획을 알리셨고, 바울은 그 뜻에 순종했습니다.

예언은 신구약 전체에서 중요한 역할을 담당합니다. 구약에서 예언자는 하나님의 말씀을 받아 백성에게 선포합니다. 때로는 죄를 책망하고(이사야서, 예레미야서), 심판을 알리며(아모스서), 소망을 안겨줍니다(이사야서 40장). 신약에서도 예언은 성령의 은사 중 하나로 교회를 세우고 그리스도의 몸을 온전케 하는 은사입니다(고전 12장, 엡 4장).

성경은 예언의 은사에 분별이 필요함을 강조합니다. "예언을 멸시하지 말고 범사에 헤아려 좋은 것을 취하고"(살전 5:20,21), "예언하는 자는 둘이나 셋이나 말하고 다른 이들은 분별할 것이요"(고전 14:29)라고 가르쳤습니다. 예언을 무조건 받아들이지 말고, 말씀과 공동체 안에서 검증해야 한다는 거예요.

오늘날에도 성령께서 주시는 특별한 예언의 은사가 있을 수 있습니다. 하지만 가장 강력한 예언은 말씀 선포, 곧 설교입니다. 설교는 단순히 성경 말씀을 설명하는 데 그치지 않고 살아 계신 하나님의 음성이 오늘의 상황에서 선포되게 하는 예언적 사역입니다. 히브리서 4장 12절은 "하나님의 말씀은 살아 있고 활력이 있어 좌우에 날선 어떤 검보다도 예리하여"라고 말씀합니다. 그러므로 설교는 오늘 우리에게 임하는 살아 있는 예언이며, 선포되는 말씀을 통해 성도는 자신에게 가장 적합한 하나님의 뜻을 듣습니다. 그래서 설교를 통해서도 하나님의 뜻을 발견하고 성령의 감동을 누릴 수 있습니다.

2. 꿈(Dreams)

성경에서 꿈은 하나님의 뜻을 보여주는 중요한 통로입니다. 야곱의 아들 요셉은 꿈을 통해 자신의 미래를 예견하고(창 37장), 마리아의 남편 요셉은 꿈에서 천사의 지시를 받습니다(마 1장). 사도 바울 역시 마게도냐 사람이 부르는 꿈을 통해 전도의 방향을 옮깁니다(행 16장).

꿈은 우리를 하나님 가까이 이끌어줍니다. 우리에게 꿈을 주시는 이유는 미래를 알려주시기 위함이 아니라, 하나님 앞에 겸손히 순종하게 만드시기 위함입니다. 느부갓네살 왕은 다니엘을 통해 꿈 해석을 받고 교만에서 돌이켜 하나님께 영광을 돌립니다(단 4장). 하나님이 주시는 꿈은 그분을 더 깊이 신뢰하게 만드는 도구여야 합니다.

저는 20대 초반, 군 복무 시절에 꾼 꿈을 아직도 기억합니다. 그 꿈이 제 사역의 방향과 연결되어 있음을 깨달았지요. 성경에서도 요셉과 다니엘은 꿈을 해석하는 은사를 받았고, 바로와 느부갓네살 같은 이방 왕들에게조차 하나님은 꿈을 주셨습니다. 지금도 꿈은 하나님께서 깊은 계시를 주시는 특별한 도구일 수 있습니다.

그런데 우리가 꾸는 꿈은 너무 다양합니다. 그 가운데 하나님이 주시는 꿈을 깨닫고 분별하는 게 얼마나 중요한지 모릅니다.

하나님이 주신 꿈이 맞는지 분별하는 중요한 기준이 있습니다. 첫째는 꿈의 내용이 말씀과 일치해야 합니다. 하나님은 혼란을 주시는 분이 아니라 질서의 하나님이십니다(고전 14:33). 따라서 그 꿈이 하나님의 뜻이라면 절대 성경 말씀과 모순되지 않습니다. 말씀과 충돌하거나 성경의 가르침을 거스르는 꿈은 결코 하나님으로부터 온 게 아닙니다.

둘째는 꿈의 분별이 필요합니다. 모든 꿈이 하나님의 계시는 아닙니다. "걱정이 많으면 꿈이 생기고"(전 5:3)라는 전도서 말씀처럼 우리의 생각과 감정, 심리 상태가 꿈에 반영되기도 합니다. 그래서 반드시 기도로 분별하고, 지혜로운 믿음의 사람들과 나누며 확인하는 과정이 필요합니다(고전 14:29).

그리고 하나님이 주시는 꿈의 목적은 언제나 우리가 하나님의 뜻을 알고, 교만을 버리고, 순종의 길로 나아가게 하는 것임을 기억해야 합니다.

3. 환상(Visions)

환상은 성령께서 주시는 '시각적 계시'입니다. 꿈과 달리 깨어 있는 상태에서 경험하며, 하나님이 특별한 상황에서 분명한 메시지를 전하고자 하실 때 나타납니다. 성경에 하나님의 뜻을 환상으로 보여주시는 장면이 여러 번 나옵니다.

사도행전 9장에서 아나니아는 환상을 통해 사울을 찾아가라는 지시를 받습니다. 당시 사울은 교회를 박해하던 자였기에 아나니아가 도저히 가까이할 수 없는 사람이었지요. 그러나 하나님은 환상으로 보여주셨고, 아나니아는 순종하여 사울을 만나 그를 회복시키고 세우는 역할을 감당합니다.

특히 이사야서 6장을 보면, 이사야가 보좌에 앉으신 주님을 봅니다. 주의 옷자락이 성전에 가득했고, 천사들이 거룩한 하나님을 찬양하는 모습을 보지요. 이를 통해 이사야가 자신의 죄악을 깨닫고 "화로다 나여 망하게 되었도다"(사 6:5)라고 고백하자 하나님은 그를 정결케 하시며 다시 세우십니다.

이사야의 환상은 단순한 체험이 아니라 하나님의 거룩하심을 드러내고, 그를 회개와 사명의 자리로 이끌었습니다. 환상은 공동체적 사명을 드러내기도 하지만, 때로는 개인적 치유와 회복의 도구가 됩니다.

저도 기도 중에 환상을 본 적이 있습니다. 어느 순간 아버지의 힘겨운 어린 시절 모습이 시각적으로 보였습니다. 저는 오랫동안 아버지를 미워했는데, 하나님께서 그 경험을 통해 아버지를 이해할 눈을 주시고 용서할 마음을 허락하셨습니다. 그때 제 안에 있던 오랜 상처와 아픔이 치유되는 은혜를 누렸습니다.

환상은 이처럼 한 사람의 내면을 치유하고 변화시키며, 나아가 가정과 공동체에 하나님의 사랑과 회복을 흘려보내는 도구가 될 수 있습니다.

또한 환상은 순종으로 이어져야 합니다. 환상은 하나님의 뜻에 대한 우리의 반응을 촉구합니다. 아나니아에게는 사울을 찾아가는 행동을, 베드로에게는 이방 선교의 사명을, 바울에게는 선교의 방향을, 이사야에게는 회개와 사명자의 부르심을 요구하신 하나님이세요. 그래서 신비한 체험을 하는 것으로 끝나지 않고, 보여주신 뜻에 순종하는 자리로 나아가야 합니다.

4. 특별한 사건과 환경(Special Situations and Circumstances)

하나님은 종종 사건과 환경을 통해서도 말씀하십니다. 때로는 폭풍 같은 고난을 통해, 새로운 길이 열리는 사건을 통해, 우리가 상상하지 못한 자리에 세움을 받으면서 하나님의 뜻이 발견됩니다.

성경에는 사건과 환경을 통해 하나님의 뜻이 드러난 예가 많습니다.

- **요나의 풍랑 사건**(욘 1:4-17)

　요나가 하나님의 부르심을 거부하고 다시스로 도망할 때, 바다에 큰 폭풍을 일으키십니다. 이 일로 요나는 하나님의 뜻을 거부할 수 없음을 깨달았고, 결국 그는 하나님의 부르심에 순종합니다. 하나님은 자연재해를 일으켜 불순종한 종을 다시 사명자로 이끄셨어요.

- **바벨론 포로 사건**(렘 29:10-14)

　이스라엘 백성은 하나님께 불순종한 죄로 바벨론 포로가 됩니다. 그러나 그 고난의 역사 속에서도 하나님은 "너희를 향한 나의 생각을 내가 아나니 평안이요 재앙이 아니니라 너희에게 미래와 희망을 주는 것이니라"(렘 29:11)라고 말씀하셨지요. 하나님은 이스라엘이 나라를 잃고 포로로 끌려간 특별한 사건을 통해 그들에게 회개와 소망을 동시에 가르치셨습니다.

- **에스더의 왕후 등극**(에 4:14)

　모르드개는 에스더에게 "네가 왕후의 자리를 얻은 것이 이때를 위함이 아닌지 누가 알겠느냐"라고 말합니다. 에스더의 위치와 환경 자체가 하나님의 구원 도구였던 거지요. 하나님은 에스더를 아하수에로 왕의 아내로 세우셔서 이스라엘의 위기를 돌파하는 열쇠로 사용하십니다. 하나님의 사람이 세워지는 특별한 상황에서 하나님은 그분의 뜻을 새기십니다.

하나님은 환경을 통해서도 말씀하시고, 우리가 주님을 신뢰하며 순종하게 하십니다. 환경을 통해 주시는 성령의 감동을 누리려면 자기 자리에서 깨어 있어야 합니다. 어떤 상황이든 귀를 열어 '하나님, 이 일을 통해 무엇을 말씀하시나요?'라고 묻고 기대하며 분별해야 하지요.

우리가 모든 사건에서 하나님의 손길을 민감하게 느낄 때, 평범한 환경조차 말씀의 자리가 되고, 예상치 못한 고난도 그분의 뜻을 확인하는 기회가 됩니다. 성도에게 특별한 사건과 환경은 우연이 아니고, 살아 계신 하나님께서 지금도 우리 삶에 적극적으로 개입하시며 말씀하시는 통로입니다.

5. 사람과의 만남과 교제(Encounters and Fellowship)

성령의 감동은 사람과의 만남과 교제를 통해서도 일어납니다. 우리는 기도와 말씀만 붙들고 하나님의 인도를 찾을 때가 있지만, 하나님은 때로 믿음의 사람을 보내 말씀하시고, 그들의 조언과 나눔을 통해 그분의 뜻을 드러내십니다.

사도행전 15장의 예루살렘 회의를 보세요. 초대교회가 이방인 문제로 큰 갈등을 겪자, 사도와 장로들이 모여 토론합니다. 각자의 경험과 간증, 그리고 말씀을 나누는 과정에서 성령의 인도하심이 분명히 드러났지요. 결국 그들은 성령과 함께한 결정이었다고 고백합니다(행 15:28). 성령의 음성이 공동체의 나눔과 합의 속에서 분명히 확인된 겁니다.

구약에서도 이 원리를 확인할 수 있습니다. 출애굽기 18장에서 모세의 장인 이드로가 백성들의 재판을 홀로 감당하던 모세에게 그러다간 모두 지치고 말 거라며 혼자 감당하지 말라고 권면합니다(출 18:18). 모세는 이 말을 받아들였고, 이스라엘 공동체는 더 건강하게 운영되었습니다. 하나님은 장인 이드로의 입술을 통해 모세에게 지혜를 주셨습니다.

또한 사무엘상 3장에서 어린 사무엘이 하나님의 음성을 들었을 때 분별하지 못했습니다. 그때 엘리 제사장이 그 음성이 하나님으로부터 온 것임을 깨닫게 해주었고, 사무엘은 "말씀하옵소서 주의 종이 듣겠나이다"(삼상 3:10)라고 응답했습니다. 여기서도 믿음의 어른이 한 조언이 하나님의 음성을 분별하는 중요한 통로가 된 것을 알 수 있지요.

저 역시 중요한 결정을 할 때 혼자 판단하지 않습니다. 늘 믿음의 선배와 동역자들과 함께 기도하며 의논합니다. 그렇게 대화하는 과정에서 제가 알지 못한 지혜를 얻고, 새로운 길을 발견하기도 합니다. 중요한 결정일수록 혼자가 아니라 믿음의 동역자들과 성령의 감동을 확인해야 합니다. 하나님은 공동체와 사람과의 만남을 통해서도 말씀하시기 때문입니다.

한번은 제가 미국에서 유학할 때, 미래에 대한 불안과 염려로 많이 지쳐 있던 때가 있었어요. 당시 섬기던 교회에 캐나다에서 인디언 선교를 하시는 선교사님이 방문하셨고, 저와 인사를 나누다가 짧은 이야기를 해주고 가셨습니다. 그런데 그때 제 마음에 아주 깊은 여운이 남았어요. 마치 하나님의 위로처럼 다가왔습니다. 이처럼 짧은 인사를 통해서도 성령의 감동이 전해질 수 있습니다. 사람과의 만남과 교제는 그저 인간적 대화가 아니라 성령께서 역사하시는 통로가 될 수 있습니다.

6. 하나님의 창조 세계, 자연(God's Creation: The Natural World)

자연과 창조 세계는 하나님의 음성을 전해주는 통로입니다.

> 창세로부터 그의 보이지 아니하는 것들 곧 그의 영원하신 능력과 신성이 그가 만드신 **만물에 분명히 보여 알려졌나니** 그러므로 그들이 핑계하지 못할지니라 롬 1:20

하나님은 창조 세계를 통해 그분 자신을 드러내십니다. 인간이 성경을 읽지 않아도 피조 세계를 바라볼 때 하나님의 능력과 위엄, 그리고 살아 계심을 분명히 알 수 있다는 뜻입니다.

> 하늘이 하나님의 영광을 **선포하고** 궁창이 그의 손으로 하신 일을 **나타내는도다** 시 19:1

밤하늘에 빛나는 별, 바다에 일렁이는 파도, 봄을 알리는 새싹, 곱게 물든 단풍까지 모든 피조 세계가 하나님의 손길을 드러내며 그분의 음성을 전합니다. 자연은 말이 없지만, 그 침묵 속에서 하나님의 살아 계심을 증언합니다.

이따금 저는 가평에 있는 영성센터 '필그림하우스'에 방문합니다. 특히 제가 좋아하는 장소는 식당 앞 테라스인데, 거기서 눈을 들면 산을 따라 흐르는 물줄기와 논밭이 시원하게 펼쳐집니다. 그 풍경을 가만히 보고 있으면 설명할 수 없는 평안과 위로가 밀려옵니다. 때로는 말씀이 깨달아지고, 기도가 저절로 부어지는 은혜가 있지요. 이처럼 하나님의 창조 세계는 성령의 감동을 누릴 수 있는 귀한 자리입니다.

성경 인물들도 자연 속에서 하나님의 임재를 경험했습니다. 아브라함은 하늘의 무수한 별을 바라보며 약속을 받았습니다(창 15:5). 다윗은 들판에서 양을 치며 하늘을 보다가 하나님을 찬양했지요(시 8편). 도망하던 엘리야는 호렙 산에서 강한 바람과 지진과 불을 경험한 후, 하나님의 '세미한 소리'를 들었습니다(왕상 19장).

압도적인 자연 현상과 고요한 소리를 통해 하나님은 그분의 임재와 역사를 보여주신 거예요. 하나님은 고난 중에 있는 욥에게도 창조 세계를 보여주셨어요. "내가 땅의 기초를 놓을 때에 네가 어디 있었느냐"(욥 38:4)라고 하시며, 바다, 별, 동물 등 자연 질서를 통해 그분의 크신 능력과 지혜를 드러내셨습니다(욥 38,39장). 자연은 인간의 교만을 낮추고 하나님을 경외하게 만드는 통로입니다. 예수님도 산에서 홀로 기도하시며 하나님의 뜻을 더욱 분명히 붙드셨지요(눅 6:12).

이처럼 자연은 하나님의 사람들에게 특별한 만남의 장소였습니다. 바쁜 일상 가운데 잠시 자연을 바라보고 창조 세계에서 하나님의 숨결을 느낄 때, 우리 영혼은 다시금 하나님께 향합니다. 산과 바다, 하늘과 들판, 이 모든 것은 단지 아름다운 배경이 아니라 우리를 창조주 하나님 앞으로 이끄는 통로입니다.

하나님의 창조 세계는 단순한 환경이 아닙니다. 지금도 말씀하시는 하나님의 음성을 담은 책이며, 하나님의 살아 계심을 증거하는 강력한 설교입니다. 우리가 창조 세계 앞에서 마음을 열고 귀를 기울인다면, 성령의 감동을 깊이 누리게 될 것입니다.

다양한 역사를 일으키시는 목적

하나님은 예언, 꿈, 환상, 특별한 사건과 환경, 사람과의 만남과 교제, 그리고 자연과 창조 세계를 통해 다양한 성령의 감동을 주십니다. 성경을 보면, 이런 특별한 성령의 소통은 크게 두 가지 경우에 주어졌어요.

첫째로 기도와 말씀 가운데 있는 사람에게 확신을 주기 위함입니다. 다니엘은 예루살렘을 향해 하루 세 번 무릎을 꿇고 기도했습니다(단 6:10). 기도의 사람인 그에게 하나님께서 환상과 꿈을 주셔서 역사 속에 이루실 큰 계획을 알게 하셨지요(단 7-12장).

바울 역시 하나님의 말씀에 철저히 헌신한 사도로, 하나님은 그를 '이방인을 위해 택한 그릇'으로 부르셨습니다(행 9:15). 또한 마게도냐 환상은 그 사명이 아시아를 넘어 유럽까지 확장됨을 확증해 주셨습니다. 말씀과 기도의 삶에 환상이 더해져, 그의 발걸음에 확신을 심어주셨지요. 하나님은 이처럼 말씀과 기도의 사람에게 더 깊은 확신과 담대함을 주시기 위해 특별한 방법으로 말씀하십니다.

둘째로 하나님과 멀어진 사람을 세우시기 위함이었습니다. 하나님은 강력하고 특별한 방식으로 말씀하시고, 그가 돌이킬 수밖에 없게 하십니다.

바벨론의 느부갓네살 왕은 하나님의 사람도 아니고, 하나님과 관계가 전혀 없었습니다. 그러나 하나님은 그의 꿈을 통해 장차 올 나라들의 흥망성쇠를 보여주셨고, 다니엘이 그 꿈을 해석하게 하셨습니다(단 2장). 또 그가 교만해져서 하나님을 무시했을 때, 다시 꿈을 통해 경고하셨습니다(단 4장). 하나님께서는 그가 하나님을 인정하도록 강권적으로 말씀하셨어요.

바울이 되기 전의 사울을 보세요. 그는 교회를 박해하며 예수님의 제자들을 잡으러 다메섹으로 가던 길이었습니다. 사울은 예수님을 믿고 따르는 자들의 반대편에 있었습니다. 그런 그를 돌이키시기 위해 하나님은 말씀을 통한 깨달음이 아니라, 강력한 빛과 음성이라는 특별한 방식을 사용하셨어요(행 9장). 그 자리에서 그는 무너져 엎드렸고, 예수님의 부르심을 받습니다. 하나님은 멀리 있는 자를 돌이키시기 위해 강력하고 분명한 방식으로 개입하십니다.

하나님은 이렇게 특별한 방식으로도 소통하시지만, 특별함이 일상이 될 수는 없습니다. 건강한 신앙인은 말씀과 기도 안에 머무릅니다. 그에 더한 특별한 감동은 확신을 주지만, 말씀과 기도를 떠나 있다면 잘못된 길로 빠질 위험이 있습니다.

얼마 전, 저는 우리 교회에서 "앞으로 2년간 설교자인 저를 포함한 모두가 꿈 이야기를 하지 맙시다"라고 선포했습니다. 목회적으로 예배 시간에 꿈 이야기를 나누는 게 오히려 공동체를 혼란스럽게 할 수 있다고 판단했기 때문입니다. 그래서 말씀과 기도에 더 집중하자는 의미로 그와 같은 선포를 한 겁니다.

게다가 성령의 감동을 경험하는 다양한 통로는 예수님을 믿지 않는 사람들도 비슷하게 경험합니다. 누구나 꿈을 꾸고, 환상 같은 체험을 하기도 하지요. 점쟁이나 무당들이 앞일을 맞추기도 하고, 어떤 사람들은 신비한 체험을 이야기하기도 합니다. 세상에도 훌륭한 조언자들이 얼마나 많나요.

또 자연을 바라보며 명상을 통해 평안을 추구하는 이들도 많습니다. 이런 것만 놓고 보면, 성령의 감동과 구분이 어려울 수 있습니다.

더 심각한 문제는, 믿는 이들도 이런 문제에 빠질 수 있다는 사실입니다. 누가 봐도 개꿈인데, 하나님의 뜻으로 여기며 스스로 얽매이는 경우를 봅니다. 잘못된 예언을 붙잡고 헤어나지 못하고, 오히려 삶이 더 얽히고 위험한 길로 가는 이들을 보았습니다. 그럴 때마다 참 안타까운 마음이 듭니다.

성령의 감동은 실재하고 다양하게 임하지만, 그 감동을 어떻게 해석하고 받아들이는지가 더 중요합니다. 건강한 분별력이 없으면 위험한 길도 성령의 인도로 착각할 수 있습니다. 온전한 하나님의 뜻을 분별하지 못하면, 성령의 감동으로 여겨 곁길로 빠질 수 있지요.

11장

성령의 감동
분별하기

분별해야 하는 이유

우리가 살아가는 세상은 철저히 유물론적 세계관에 기초합니다. 유물론은 '만물의 근원은 물질'이라는 관점이며, 과학적 증거가 있어야만 진리라고 인정하는 사고방식입니다. 현대 과학의 발전이 이 같은 사고를 더욱 강화해왔지요.

그러나 세상을 깊이 들여다보면, 유물론으로 설명되지 않는 수많은 차원이 존재합니다. 인간의 의식, 자유의지, 도덕성, 영적 세계, 사랑과 희생, 하나님의 임재 같은 것들은 단순한 물질 반응으로 설명할 수 없는 영역이에요.

우리는 '보이지 않지만, 분명히 존재하는 세계'를 믿음으로 받아들이며 살아갑니다. "믿음은 바라는 것들의 실상이요 보이지 않는 것들의 증거"(히 11:1)인 것처럼 신앙의 핵심인 믿음은 눈에 보이지 않는 하나님을 신뢰하는 데서 출발합니다. 그런데 이처럼 보이지 않는 하나님의 인도하심을 따라 살 때 위험 요소가 뒤따릅니다. 하나님의 뜻을 분명히 알지 못하거나 오해하면, 그 믿음이 열정과 결합해 더 큰 위험을 낳을 수 있기 때문입니다.

  남 유다가 애굽과 바벨론 사이에서 정치적 줄타기를 할 때, 하나님은 선지자들을 통해 명확히 말씀하셨습니다. 이사야는 애굽을 의지하지 말라고 했고, 예레미야와 에스겔은 바벨론에 항복하라고 전했습니다. 바벨론이 선하고 애굽이 악해서가 아니라, 하나님께서 주권자시기 때문에 하신 명령입니다.

  당시 남 유다는 어떤 외교 정책을 펼치느냐에 따라 나라의 존망이 달려 있었어요. 그러나 하나님은 인간적 계산이나 세력 분석보다 그분의 뜻에 따라 움직일 것을 명령하신 거예요.

  때로는 하나님의 명령이 이해되지 않을 때가 있습니다. 그런데도 하나님의 뜻에 순종해야 해요. 순종은 이해해서 하는 것이 아니라, 하나님의 주권을 신뢰하며 나아가는 믿음의 걸음입니다.

  하지만 여기에는 한 가지 위험 요소가 있습니다. '하나님의 뜻'이라고 믿었던 것이 실제로는 자기 욕망이나 왜곡된 가르침일 수 있다는 점입니다. 쉽게 말해, 내 뜻을 가지고 하나님의 뜻이라고 오용할 위험이 있다는 거예요.

  따라서 성령의 인도하심을 따르는 삶에서 중요한 것은 '분별력'입니다. 하나님의 뜻을 바르게 분별하지 못하고 잘못 믿으면 돌이킬 수 없이 위험합니다. 이단이 무서운 이유가 바로 여기에 있지요. 그들은 분별하지 못한 잘못된 가르침 위에 뜨거운 열심을 더해 많은 사람을 미혹하고 파멸의 길로 이끕니다.

그래서 요한일서 4장 1절은 "사랑하는 자들아 영을 다 믿지 말고 오직 영들이 하나님께 속하였나 분별하라"라고 강하게 말합니다. "분별하라"에 쓰인 헬라어 '도키마조'(δοκιμάζω)는 '시험하다, 검증하다'라는 의미입니다. 감동이든 음성이든 무조건 믿지 말고 반드시 하나님께 속한 것인지 철저히 검토하라는 뜻입니다.

거짓 선지자와 미혹의 영이 많다는 사실은 성경 곳곳에서 경고합니다. 거짓 그리스도와 선지자들이 표적과 기사로 택한 자들까지 미혹하려 한다고 합니다(마 24:24, 벧후 2:1). 사단은 하나님의 말씀을 비틀어 미혹합니다. 뱀이 하와를 유혹할 때도 "결코 죽지 아니하리라"(창 3:4)라는 말로 하나님의 말씀을 왜곡했듯이, 오늘날에도 거짓된 감동은 '하나님의 뜻처럼' 가장되어 다가옵니다.

더욱이 우리는 포스트모더니즘 문화 속에 살고 있습니다. 절대적 진리를 부정하고 모든 것을 상대화하며, 심지어 기독교 핵심 진리까지 '억압적'이라고 비난합니다. 동성애, 젠더 이데올로기, 극단적 개인주의, 소비주의 등은 모두 '자기중심'을 신격화하며, 이를 하나님의 뜻인 듯 포장하기도 합니다. 이런 시대에 성령의 감동을 분별하지 못하면, 우리의 신앙은 언제든지 흔들릴 수 있습니다.

성령의 감동을 분별하는 기준

1. 성경과 일치하는지 확인하기

성령의 감동을 분별하는 가장 근본적이고도 확실한 기준은 '그 감동이 성경과 일치하는가?'입니다. 하나님께서 우리에게 주신 말씀, 곧 성경은 변하지 않는 객관적 진리의 기준입니다. "모든 성경은 하나님의 감동으로 된 것으로 교훈과 책망과 바르게 함과 의로 교육하기에 유익하니"(딤후 3:16)라고 분명히 선언합니다.

성령의 감동이 강렬할 수 있지만, 주관적인 영역에 머무를 수밖에 없습니다. 감정, 경험, 상황, 욕망이 뒤섞여 '하나님의 음성'처럼 들릴 수도 있어요. 그러나 하나님의 말씀은 명확하고, 변함 없고, 신실한 기준이기에 모든 감동을 반드시 성경의 가르침 안에서 검토하고 검증해야 합니다.

예수님도 말씀을 듣고 행하는 자는 그 집을 반석 위에 지은 사람과 같다고 하셨습니다(마 7:24). 반석 위에 지은 집과 모래 위에 지은 집은 얼핏 비슷해 보이지만, 비바람과 홍수가 몰아치면 그 차이가 극명하게 드러납니다. 말씀을 듣고도 행하지 않으면, 아무리 큰 감동이어도 결국 모래 위의 신앙처럼 무너지고 마는 거예요. 히브리서 5장 14절은 이렇게 말합니다.

> 단단한 음식은 장성한 자의 것이니 그들은 **지각을 사용함으로 연단을 받아** 선악을 분별하는 자들이니라

여기서 핵심은 '지각을 사용함으로 연단을 받는' 훈련 과정입니다. 말씀을 단지 '듣는 데서' 그치지 않고 삶에 적용하며 반복적으로 순종할 때 하나님은 비로소 말씀의 깊은 맛, 즉 말씀의 생명력을 깨닫게 하십니다. 우리 안에 선악을 분별하는 영적 지혜와 감각이 자라게 하세요.

오늘날 많은 성도가 "하나님의 감동이 느껴졌어요", "성령님이 주신 마음 같아요"라고 말하지만, 그 감동이 정말 하나님의 뜻이 맞는지는 말씀의 검증을 거치기 전까지 알 수 없습니다. 심지어 교회에서 선포된 말씀이나 영적 권위자의 말이라도 성경과 충돌한다면 그 감동은 위험한 것입니다.

따라서 성령의 감동이 있으면 먼저 성경을 펴야 합니다. 말씀을 기준으로 다시 들여다보고, 성경과 일치하는지 검토해야 합니다. 그렇게 검증된 감동이라면 이제는 순종의 걸음을 내디뎌야 할 때입니다.

말씀과 일치하는 성령의 감동을 따를 때, 그 순종은 절대 헛되

지 않을 것입니다. 그 길은 생명의 길이며, 하나님이 예비하신 은혜의 통로이기 때문입니다.

2. 내적 평안 확인하기

성령의 감동에는 하나님의 평강이 따라옵니다. 평강은 단순히 기분 좋은 상태나 심리적 안정을 뜻하는 것이 아닙니다. 평강은 하나님께서 우리 마음 안에 작동하시는 '분별의 도구'요, 내적 판단 기준일 수 있습니다.

바울은 "그리스도의 평강이 너희 마음을 주장하게 하라"(골 3:15)라고 말씀합니다. 여기서 "주장하다"는 원어로 '심판하다, 판결하다, 결정하다'라는 뜻이에요. 경기에서 심판이 판정하는 것처럼 우리 마음속에서 하나님의 뜻을 분별하는 내적 기준으로 '그리스도의 평강'이 작용해야 함을 말합니다.

우리가 어떤 결정을 내릴지 기도하며 하나님의 뜻을 구할 때, 그 선택이 하나님께서 기뻐하시는 길이라면 성령이 주시는 깊은 평강이 임할 것입니다. 하지만 반대로 그 선택이 하나님의 뜻과 어긋난 길이라면 불안하고 혼란스러운 마음이 들 수 있습니다.

이 평강은 단순한 '감정적 위로'가 아니라 하나님의 뜻을 따를 수 있도록 우리 마음을 이끄는 '내적 신호'이자 '영적 나침반' 역할을 하는 표지입니다.

따라서 어떤 감동이나 결정에 평강이 있는지 살피는 것은, 그 감동이 하나님으로부터 온 것인지 분별하는 데 매우 중요한 기준이 됩니다.

그렇다면 평안은 어떻게 경험할 수 있을까요?

아무것도 **염려하지 말고** 다만 모든 일에 기도와 간구로, 너희 구할 것을 **감사함으로** 하나님께 아뢰라 그리하면 모든 지각에 뛰어난 하나님의 **평강**이 그리스도 예수 안에서 너희 마음과 생각을 **지키시리라** 빌 4:6,7

우리는 종종 평안을 감정 상태로 이해합니다. 마음이 편안하고, 불안이 없으며, 외적으로도 조용할 때 느끼는 안정감 말이지요. 그러나 성경이 말하는 평강은 단순한 감정이 아닙니다.

"아무것도 염려하지 말라"라는 말씀은 염려를 느끼지 말라는 의미가 아닙니다. 염려는 인간이라면 누구나 느끼는 감정입니다. 중요한 것은 '그 감정을 어떻게 다루느냐'지요. 성경은 우리에게 염려를 억누르라고 가르치지 않습니다. 오히려 염려를 기도와 간구로 바꾸라고 권면합니다.

염려가 찾아올 때 그것을 하나님께 올려드리는 기도의 재료로 삼으라는 거지요. 여기서 중요한 건, 단순히 기도만 하는 것이 아니라 감사함으로 아뢰라는 것입니다. 이것은 아직 결과가 나오지 않았어도 하나님을 신뢰하는 태도입니다. '하나님이 반드시 선하게 이끄실 것'이라는 믿음이 있을 때 우리는 미리 감사할 수 있습니다. 감사는 하나님께 기도로 고정하고, 염려로 돌아가지 않도록 마음을 단단히 붙들어 줍니다.

이 말씀의 핵심은 염려를 내려놓고 기도로 나아가면 하나님의 평강이 임한다는 것입니다. 성경은 이 평강을 어떤 위로나 안정감이 아니라 "모든 지각에 뛰어난 하나님의 평강"이라고 표현합니다. 여기서 '지각'은 인간의 사고력, 분석력, 판단력을 의미합니다. 곧 하나님의 평강은 인간의 계산과 전략, 지혜를 뛰어넘는 하나님의 주권적 인도하심의 징표라는 뜻입니다.

저는 이 말씀을 처음 접했을 때 '하나님의 평강에는 지적 통찰력이나 탁월한 판단력이 함께한다'라는 의미로 이해했습니다. 그런데 실제로 경험해 보니, 그게 아니더군요.

하나님의 평강을 따라 사는 삶이 세상의 어떤 지혜와 전략을 의지하는 삶보다 훨씬 더 우월하다는 말씀이었어요. 그분의 평강은 단순히 상황을 분석하려는 우리의 머리보다 더 깊고 정확하게 우리 삶을 이끌어가는 하나님의 방식인 것입니다.

그래서 하나님의 평강을 따라 순종하는 삶은, 세상 어떤 지혜와 판단보다 안전하고 탁월합니다. 그분의 평강은 단지 감정을 안정시키는 수준이 아니라, 삶의 방향을 결정하고 걸음을 인도하는 하나님만의 방식입니다.

이 진리는 제 삶에서도 경험된 능력입니다. 성령의 감동이 제 이성적 판단과 부딪칠 때가 얼마나 많았는지 몰라요.

당시에는 의아하고 미심쩍은 부분이 있었어요. 그런데도 성령께서 주시는 평안을 따라 순종했더니 너무나 완벽한 하나님의 그림이 제 삶에 그려져 있었어요. 제 모든 지각으로는 걸을 수 없는 걸음이 평안을 따라 순종한 길 위에 펼쳐졌습니다.

성령의 감동을 분별하는 중요한 요소가 바로 '하나님의 평강'임을 기억하세요. 이 평강은 단순히 마음의 위안이 아니라 분별의 표지이자 길잡이입니다. 또한 평강은 결정을 내리기 전에만 주어지는 게 아니라, 순종의 걸음을 실제로 걸을 때 더욱 선명해지기도 합니다.

물론 주의할 점도 있습니다. 죄를 지어놓고도 합리화하면서 마음이 편하다면, 그것은 '거짓 평안'일 수 있습니다. 평강이 없는데도 "평강하다, 평강하다" 하는 것입니다(렘 6:14). 참된 평강은 하나님의 말씀과 일치하며, 성령의 열매가 함께 나타납니다.

3. 열매로 검증하기

예수님은 "그들의 열매로 그들을 알지니"(마 7:16)라고 말씀하셨습니다. 성령의 인도는 반드시 열매로 나타납니다. 성령의 열매는 사랑, 희락, 화평, 오래 참음, 자비, 양선, 충성, 온유, 절제입니다(갈 5:22,23). 만약 어떤 감동이 분노, 미움, 시기, 다툼, 교만,

분열을 낳는다면 성령의 인도가 아닐 것입니다.

또한 성령의 인도는 하나님의 성품과 일치해야 합니다. 하나님은 사랑이시며(요일 4:8), 거룩하시고(벧전 1:16), 진리요(요 14:6), 평강의 하나님이십니다(롬 15:33). 따라서 성령의 감동은 언제나 그분의 성품을 드러내는 방향으로 나아갑니다.

진정한 열매는 예수 그리스도께 붙어 있을 때 자연스럽게 나타납니다. 예수님은 "나는 포도나무요 너희는 가지라"(요 15:5)라고 말씀하셨습니다. 가지는 홀로 열매 맺는 것이 아니라 포도나무 되신 그리스도께 붙어 있을 때에만 열매를 맺습니다.

성령의 감동은 결국 우리를 더 깊이 예수님에게 붙어 있게 만들고, 그분의 성품을 드러나게 합니다.

성령의 감동을 따라 계속 걸으라

성령의 감동을 분별하기란 그리 쉬운 일이 아닙니다. 우리의 생각과 감정, 세상의 수많은 소리 가운데 참된 성령의 음성을 가려내는 일은 언제나 도전이 되지요. 그러나 하나님께서는 분명히 약속하셨습니다.

> 너희가 온 마음으로 나를 구하면 나를 찾을 것이요 나를 만나리라
> 렘 29:13

우리가 전심으로 하나님의 뜻을 구한다면 반드시 참된 성령의 감동으로 이끄실 것입니다. 분별은 단번에 완성되는 기술이 아닙니다. 오히려 평생에 걸친 성화(聖化)의 과정에서 말씀, 기도, 예배의 영적 기본기를 지킬 때 점점 예리해집니다. 무엇보다 중간에 포기하지 않는 것이 중요합니다.

우리는 때로 성령의 감동을 잘못 느낄 수 있습니다. 오랜 세월 내 뜻과 욕망대로 살다가 성령의 법에 순종하려다 보니 당연히 오해하고 실수하며 넘어지기도 합니다. 그러나 그건 실패가 아니라 배우며 성장하는 과정입니다.

마치 어린아이가 걸음마를 배울 때 수없이 넘어지고 일어나기를 반복하듯이 우리의 신앙도 실수하고 넘어지면서 자라납니다. 중요한 건 넘어졌다고 포기하지 말고 다시 일어나 하나님께 나아가는 겁니다. 포기하지 않고 계속 걷다 보면, 어느 순간 놀랍게도 건강한 영적 분별력을 갖게 되고, 성령의 감동을 따르는 삶에 익숙해지는 은혜를 경험하게 됩니다.

성령의 감동은 우리를 더 깊은 믿음과 하나님의 사랑으로 이끌어갑니다. 때로는 우리의 계산을 뛰어넘고 눈앞의 성공과 멀어 보이지만, 그 길 끝에는 하나님을 더욱 신뢰하고 사랑하게 되는 은혜가 기다립니다. 이 사실을 기억하며 성령의 감동을 따라 순종하는 걸음을 포기하지 마세요. 말씀과 기도로 무장하고, 평강과 열매로 감동을 분별하며, 끝까지 성령의 인도를 따라가는 삶을 살아가십시오. 결국 우리는 더욱 그리스도를 사랑하고, 분명한 하나님의 뜻 안에 거하게 될 것입니다.

12장

사인(Sign, 표징)을 구하는 기도

성경에 나타난 표징

우리가 성령의 감동을 따라 하나님의 뜻을 분별하고 확신했더라도 때로는 그 뜻이 거대한 세상의 파도에 부딪칠 때가 있습니다. 그럴 때 어떻게 하면 믿음으로 순종할 수 있을까요.

우리 삶은 끊임없는 도전의 연속입니다. 하나님의 뜻을 분명히 깨달았다고 해도 우리의 연약함과 결핍, 그리고 죄성 때문에 세상에서 그 뜻을 따르기 어려울 때가 있습니다. 특히 성령의 감동을 따라 살기 시작하면 이런 도전과 맞닥뜨리게 됩니다.

하나님이 분명히 말씀하셔도 눈앞의 거대한 현실 때문에 한 걸음 내딛기도 쉽지 않을 때가 있어요. 바로 그때 믿음으로 하나님의 뜻을 붙잡고 순종할 용기와 확신이 필요합니다.

성경을 보면 이런 도전의 자리에서 하나님께 특별한 요청을 드린 이들이 나옵니다. 사사기의 기드온, 창세기의 엘리에셀, 열왕기의 히스기야가 그렇습니다. 그들이 하나님께 구한 것은 '사인'(Sign), 곧 표징이었지요.

1. 기드온이 구한 표징(삿 6장)

사사기는 이스라엘의 영적 사이클을 반복해서 보여줍니다.

배교 → 징계(침략, 압제) → 부르짖음 → 구원(사사) → 평화 → 다시 배교

사사 에훗 때 이스라엘은 평화를 누리지만, 곧 여호와의 목전에 악을 행하고 맙니다(삿 4:1). 그 결과, 가나안 왕 야빈과 그의 장수 시스라의 압제를 받습니다. 그들은 철 병거 900대라는 압도적 군사력을 앞세워 이스라엘을 20년간 학대합니다(삿 4:3). 그러자 이스라엘 백성이 하나님께 부르짖고, 하나님은 사사 드보라와 바락을 세우셔서 구원하십니다. 하지만 그 평화는 오래가지 못합니다.

다시 이스라엘 백성이 여호와의 목전에 악을 행하고, 이번에는 미디안이 들이닥쳐 7년간 농작물과 가축을 약탈합니다(삿 6:1-6). 백성들은 산속과 동굴에 숨어 사는 신세가 됩니다. 그 고통의 부르짖음이 하늘에 닿자 하나님이 기드온을 부르셔서 구원의 일을 시작하십니다.

　기드온은 본래 겁이 많은 사람이었습니다. 하나님의 사자가 그를 "큰 용사"라고 부를 때도 그는 포도주 틀에 숨어 밀 타작을 하고 있었어요. 기드온을 향한 하나님의 첫 명령은 아버지가 만든 바알 제단을 헐고, 그 자리에 여호와의 제단을 쌓으라는 거였습니다. 기드온은 낮에 할 용기가 없어 밤에 몰래 순종했습니다. 그런데 놀랍게도 그 작은 순종이 성읍 전체의 우상 체계를 흔들었고, 아버지 요아스는 바알이 참 신이면 스스로 변호할 것이라며 아들을 감쌌습니다(삿 6:31). 하나님은 이렇게 연약한 기드온을 부르시고, 순종을 통해 그를 점차 용사로 빚어 가셨지요.

　그러던 중 미디안과 아말렉 연합군이 이스르엘 골짜기에 진을 치고 이스라엘을 겁박하며 전쟁을 벌이려 합니다. 적군의 규모는 자그마치 13만 5천 명이었어요. 이때 성경은 "여호와의 영이 기드온에게 임하시니"(삿 6:34)라고 증언합니다. 이는 '하나님의 영이 기드온을 옷 입히셨다'라는 뜻으로, 하나님이 연약한 인간을 그분의 능력으로 감싸며 사용하심을 나타내지요. 그리고 이스라엘 전역에서 군을 소집하고 전쟁을 대비하기 시작합니다.

　이제 피할 수 없는 결전의 시간이 다가옵니다. 기드온은 이스라엘의 생사가 달린 절체절명의 순간을 맞이합니다. 만일 전쟁에서 패한다면 이스라엘 전체가 도륙당할 위험에 놓이고 맙니다. 전쟁을 앞둔 그의 마음이 얼마나 두렵고 무거웠을까요!

이건 비단 기드온만의 이야기가 아닙니다. 죄에 종살이하며 세상에서 치여 살다가 하나님을 만나면, 누구나 피할 수 없는 시간을 맞습니다. 모세도, 기드온도 그랬습니다.

이스라엘이 죄악 가운데 쓰러져 있다가 하나님께 돌아와 부르짖을 때마다 전쟁이 있었습니다. 나를 억압하던 대상과 정면으로 맞서야 하는 싸움, 그리고 그 안에서 하나님의 뜻을 따라 승리하는 시간이 필요했던 겁니다.

기드온은 바로 그 엄청난 전쟁을 앞두고 있었습니다. 그러나 그의 마음에는 여전히 사명에 대한 확신이 부족했습니다. 그래서 하나님께 확인을 구합니다. 자신의 사명이 진정 하나님의 뜻인지 확증하기 위해 사인(표징)을 구하는데, 그 유명한 '양털 시험'입니다(삿 6:36-40).

기드온은 하나님께 두 번의 사인을 구합니다.

- **첫째 사인: 양털만 젖고 땅은 마르게 하소서**
- **둘째 사인: 이번에는 양털만 마르고 땅은 젖게 하소서**

두 번의 사인 모두 자연의 순리로 본다면 불가능한 일이었어요. 그런데도 하나님은 그 일을 이루시며 기드온에게 확신을 주십니다. 하나님만이 하실 수 있는 일을 행하시며 그의 연약한 믿음을 일으켜주신 거지요.

우리는 이 배경을 이해해야 합니다. 기드온은 이미 하나님을 만났고, 하나님의 영이 충만히 임했습니다. 그런데도 극한의 상황에서 하나님의 확실한 인도하심을 구했습니다. 13만 5천의 대군과 싸우는 것은 기드온이 믿음이 없었다고 하기가 미안할 정도로 어려운 상황이었습니다. 그에게는 강력한 믿음이 필요했어요. 그래서 하나님께 사인을 구한 겁니다.

기드온이 믿음이 없어서가 아니라 감당해야 할 사명이 너무 커서 하나님께 사인을 구한 것임을 기억해야 합니다. 그리고 하나님의 기적적인 응답 가운데 그는 확신을 가지고 순종합니다.

'사인'(Sign)은 믿음을 새롭게 얻기 위한 수단이 아니라 이미 주어진 말씀에 순종하려는 사람을 격려하시는 하나님의 임시적 확증이에요. 따라서 사인을 구하는 것을 미신적 신앙으로 바라볼 게 아니에요. 오히려 순종의 길을 걷는 자가 하나님의 은혜로운 격려와 확증을 경험하는 통로가 됩니다. 즉, 사인은 믿음을 대신하는 것이 아니라 이미 믿음으로 순종하려는 자를 격려하시는 하나님의 선한 방식입니다.

2. 아브라함의 종, 엘리에셀의 간구 (창 24장)

창세기 24장을 보면, 아브라함이 아들 이삭의 아내 될 사람을 찾고자 합니다. 아브라함은 아들이 가나안 여인과 혼인하는 걸 원치 않았어요. 하나님께서 그와 언약을 맺으시며 주신 약속은 가나안 땅을 기업으로 삼게 하신다는 거였지, 가나안 족속과의 혼인을 통해 신앙을 혼합하는 게 아니었기 때문입니다.

아브라함은 친족 중에서 이삭의 아내를 얻고 싶었어요. 그래서 충직한 종 엘리에셀을 메소포타미아로 보내 이삭의 아내를 찾아오게 합니다. 이 중대한 사명을 맡은 종은 인간적인 판단으로 결정 내릴 수 없었습니다. 단순히 '좋은 배우자감'을 찾는 게 아니라 하나님의 언약 계승자로서 이삭과 함께 신앙의 가정을 세울 여인을 찾아야 했습니다. 막중한 사명이 있었지만, 초행길에 아는 사람도 없는 곳에서 이삭의 아내를 찾는다는 건 현실적으로 어려운 일이었지요. 그래서 그는 하나님께 '사인'을 구하며 나아갑니다.

'하나님, 제가 우물가에서 한 소녀에게 물을 달라고 할 때, 그녀가 제게 물을 줄 뿐 아니라 낙타에게도 물을 먹이겠다고 자원하면, 주께서 정하신 이삭의 아내인 줄 알겠습니다.'

이 기도는 어떤 기적이나 신호를 구한 게 아니었어요. 그는 하나님의 뜻을 분별할 수 있는 인격적 표징을 요청했습니다. 곧 자발적 섬김과 인내심이 있는 관대한 여인이야말로 하나님께서 택하신 사람이라고 여기며 확증을 구한 겁니다. 아주 현명한 간구였지요.

놀랍게도 종이 기도를 마치기도 전에 한 소녀가 우물로 나왔습니다. 바로 리브가였어요. 그녀는 종의 요청에 기꺼이 물을 줄

뿐 아니라 낙타 열 마리에게도 물을 먹였습니다. 당시 낙타 열 마리에게 물을 먹이려면 엄청난 수고가 필요했지만, 리브가는 거리낌 없이 행했습니다. 그 행동에서 그녀의 선한 성품과 관대한 마음, 그리고 남을 섬기기 즐거워하는 태도가 드러났지요.

종은 즉시 하나님의 응답임을 깨달았습니다. 그러나 그는 서두르지 않고 리브가의 배경을 확인했어요. 그리고 마침내 그녀가 아브라함의 친족임을 확인하자, 종은 하나님께 무릎 꿇고 경배하며 찬양합니다. 막연했던 상황에서 종이 사인을 구하며 간구한 대로, 하나님이 응답하신 거예요.

아브라함의 종이 구한 표징은 불안한 마음을 달래기 위한 미신적 간구가 아니었습니다. 하나님의 뜻을 신뢰하면서도 자기 연약함을 알고 확신을 얻으려는 겸손한 기도였지요. 하나님은 그 기도에 응답하셔서 리브가를 만나게 하시고, 신실하심을 드러내셨습니다.

이 일은 하나님께 사인을 구할 때 말씀과 하나님의 성품에 일치해야 한다는 교훈을 줍니다. 또한 간절하게 징표를 구하며 나아간 간구의 응답은 우리를 더 깊은 순종과 경배로 이끈다는 사실을 깨닫게 합니다.

3. 히스기야의 기도 (왕하 20장)

히스기야가 죽을병에 걸렸을 때 하나님은 이사야 선지자를 보내 "너는 집을 정리하라 네가 죽고 살지 못하리라"(왕하 20:1)라는 말씀을 전하십니다. 이 충격적인 말을 들은 히스기야는 얼굴을 벽으로 향하고 하나님께 간절히 기도합니다.

그는 자신의 진심을 토해내며 불쌍히 여겨 달라고, 하나님의 긍휼 가운데 생명을 연장해달라고 눈물로 간구했지요. 하나님은 그 기도를 외면하지 않으셨습니다. "내가 네 기도를 들었고 네 눈물을 보았노라"라고 하시며, 그의 생명을 15년 더 보전하겠다고 약속하셨습니다(왕하 20:5,6).

그러나 히스기야의 마음은 여전히 두려웠습니다. 하나님의 말씀을 듣고도 확인하고 싶었습니다. 그래서 이사야 선지자에게 "여호와께서 나를 낫게 하시고 삼 일 만에 여호와의 성전에 올라가게 하실 무슨 징표가 있나이까"(왕하 20:8)라고 물었습니다. 그러자 놀랍게도 하나님은 이사야를 통해 표징을 허락하셨습니다. 히스기야에게 둘 중 하나를 선택하게 하셨지요.

1. 해그림자가 10도 앞으로 나아가는 것
2. 해그림자가 10도 뒤로 물러가는 것

히스기야는 이렇게 대답합니다.

그림자가 십 도를 나아가기는 쉬우니 그리할 것이 아니라 십 도가 뒤로 물러갈 것이니이다 왕하 20:10

그의 요청대로 이사야가 여호와께 간구하자, 아하스의 해시계 위에 나아갔던 해그림자가 10도 뒤로 물러가는 기적이 일어납니다(왕하 20:11). 하나님은 말씀만이 아니라, 자연 질서를 초월하는 기적을 통해 약속이 참되다는 걸 확증해 주셨습니다. 결국 하나님께서 창조 세계와 시간의 주인이심을 선포하신 것이지요.

이 장면은 우리의 믿음과 하나님의 인내가 어떻게 만나는지 보여줍니다. 예수님은 "악하고 음란한 세대가 표적을 구하나"(마 12:39)라고 말씀하시며, 불신앙으로 하나님을 시험하는 태도를 경고하셨습니다. 하나님을 믿지 않으면서 시험 삼아 기적이나 표적을 요구하는 건 옳지 않다는 뜻이지요.

하지만 히스기야의 경우는 달랐습니다. 그는 하나님의 말씀을 불신해서가 아니라, 이미 약속을 받았음에도 자신의 연약함 때문에 더 분명한 사인이 필요했던 겁니다. 쉽게 말해, '하나님, 제가 믿고 싶지만, 너무 두렵습니다. 확실히 붙잡도록 도와주세요' 하며 간구한 거지요. 이는 불신앙에서 나온 요구가 아니라 연약한 믿음을 지키고 싶은 마음에서 나온 간절하고도 겸손한 기도였습니다.

하나님은 그 기도를 꾸짖지 않으셨어요. 오히려 그의 연약함을 아시고 특별한 표징으로 확신을 주셨습니다. 그리하여 히스기야가 담대히 하나님의 약속을 붙잡고 나아가도록 도우셨지요.

사실 이 사건은 단순히 한 왕의 생명이 연장된 기록이 아닙니다. 하나님께서 다윗 언약을 신실하게 지키시는 구속사의 한 부분이었지요. 히스기야에게 허락된 15년은 언약의 계보를 잇고 지키는 시간이었고, 결국 그 계보 속에 예수 그리스도가 오십니다.

다시 말해, 하나님께서 보여주신 이 표징은 한 개인을 향한 위로가 아니라, 온 인류를 향한 하나님의 신실하신 인도였던 것입니다.

가장 놀라운 사인, 십자가 부활

성경은 여러 시대와 상황 속에서 다양한 사인을 보여줍니다. 그러나 그 모든 사인과 표징은 결국 한 방향을 가리킵니다. 바로 예수 그리스도의 십자가와 부활입니다.

구약에서 사인을 구한 것과 예수님이 공생애 동안 행하신 수많은 기적과 표적은 모두 임시적이고 부분적이었습니다. 병든 자를 고치시고, 떡을 떼어 무리를 먹이시며, 죽은 자도 살리셨지만, 결국은 다시 죽음 앞에 서야 했지요.

하지만 십자가와 부활은 달랐습니다. 십자가는 죄의 문제를 영원히 해결하신 하나님의 구속 사건이며, 부활은 그 구속이 참되고 완전함을 증명하는 하나님의 확증이었습니다.

> 내가 받은 것을 먼저 너희에게 전하였노니 이는 성경대로 그리스도께서 우리 죄를 위하여 죽으시고 장사 지낸 바 되셨다가 성경대로 사흘 만에 다시 살아나사 고전 15:3,4

부활은 기적 이상의 의미입니다. 하나님의 모든 약속에 대한 확실한 보증이며, 믿음의 궁극적 사인입니다.

예수님의 부활은 단지 예수님 개인의 승리가 아니라 모든 믿는 자를 위한 부활, 첫 열매가 되신 놀라운 생명의 역사입니다(고전 15:20). 만약 그리스도께서 부활하지 않으셨다면 우리의 믿음은 헛되고, 여전히 죄 가운데 있을 것입니다(고전 15:17). 그러나 주님이 실제로 부활하셨기에 우리의 죄 사함을 확신하고, 장차 우리도 부활에 참여하리라는 소망을 가질 수 있습니다.

이 점에서 볼 때, 가장 크고 놀라운 사인은 바로 '빈 무덤'입니다. 로마의 권세도, 유대 종교 지도자들의 음모도, 무덤의 돌과 로마 군병의 경비도 예수 그리스도의 부활을 막을 수 없었어요. 부활은 인류 역사에서 단 한 번 일어난, 그리고 모든 믿는 자의 미래를 보증하는 절대적 사건입니다.

우리가 성경 속에서 만나는 여러 사인, 곧 기드온의 양털, 아브라함 종의 기도응답, 히스기야의 해그림자 등은 모두 특정 시대와 개인을 향한 하나님의 임시적이고 제한적인 확증이었습니다. 그러나 예수 그리스도의 부활은 온 인류를 향한, 그리고 모든 시대를 향한 보편적이고 궁극적인 징표, 즉 사인이 됩니다.

사인을 구할 때 주의할 점

앞서 살펴본 세 가지 이야기 모두 하나님의 뜻에 순종하는 과정에서 사명을 감당할 믿음을 세우기 위해 사인을 구한 거라서 신실한 응답이 이어졌습니다. 이때 사인은 자기 욕망을 합리화하거나 말씀을 방해하려는 도구가 아니었어요.

여기서 사인을 구하는 동일한 목적이 확인됩니다. 하나님의 뜻에 순종하기 위한 확신이 필요했던 거예요. 인생의 큰 결정 앞에서 말씀을 붙든 자가 자기 연약함을 인정하며, 성령의 감동을 따라 순종하기 위한 확신을 얻고자 사인을 구한 겁니다. 이런 간구에 하나님께서 자비롭게 응답하셔서 두려움 많은 자를 일으키십니다.

그러나 우리가 사인을 구할 때 조심해야 할 것이 있습니다.

첫째, 사인을 계속 요구하는 건 옳지 않습니다.

예수님은 믿음도 없으면서 끊임없이 표적만 구하는 사람들을

악하고 음란한 세대가 표적을 구한다고 책망하셨습니다. 하나님을 신뢰하지 않고, 눈에 보이는 증거만 요구하는 태도를 경고하신 거예요. 진정한 믿음은 보이지 않는 가운데서도 하나님의 말씀을 붙잡고 순종하는 데 있습니다.

'사인'에 관해 자세히 다루는 이유도 하나님의 뜻을 알고자 하는 과정에서 생각보다 많은 사람이 너무나 쉽게, 자주 하나님께 질서 없이 사인을 요구하기 때문입니다. '말씀과 기도'라는 신실하게 인내해야 하는 걸음보다 쉬운 걸음을 택하려는 얕은 믿음이 사인을 구하는 습관을 만들지요.

저도 하나님께 사인을 구한 일은 손에 꼽힙니다. 경건하고 신실한 하나님의 사람은 표적이 없어도 굳센 믿음으로 살아갑니다. 우리는 습관처럼 하나님께 사인을 구하지 말아야 합니다.

둘째, 하나님을 시험하면 안 됩니다.

민음으로 사인을 구하는 것과 하나님을 시험하는 불신앙은 종이 한 장 차이처럼 아주 미묘합니다. 광야에서 사단이 예수님을 시험할 때 성전 꼭대기에서 뛰어내리면 천사들이 받들 거라고 한 것도, 어찌 보면 예수께 하나님의 사인을 요구하게 만든 거였어요(마 4:6). 사단은 교묘하게 말씀을 인용하면서 예수님에게 불필요한 표징을 요구했습니다. 마찬가지로 우리가 사인을 구할 때도 믿음의 행위처럼 보이지만, 실제로는 하나님을 시험하는 불신앙이 될 수 있음을 기억해야 합니다.

셋째, 사단의 속임수를 경계해야 합니다.

성경은 "사탄도 자기를 광명의 천사로 가장하나니"(고후 11:14) 라고 말씀합니다. 하나님의 뜻처럼 보여도 실은 우리를 미혹하는 거짓 사인이 얼마든지 존재한다는 뜻입니다. 영적 분별없이 사인만 의지한다면, 잘못된 길로 빠질 위험이 큽니다.

넷째, 사인에 지나치게 의존하면 신앙이 흔들립니다.

하나님께서는 언제나 '말씀과 성령'으로 우리를 인도하십니다. 그런데 사인이 기준이라면, 신앙의 균형이 무너지고 맙니다. 모든 사건이나 환경을 하나님의 사인으로 무리하게 해석하는 태도는 매우 위험합니다. 그러다 자기 뜻을 합리화하거나 감정과 상황에 휘둘려 잘못된 길을 선택할 수 있습니다.

다섯째, 하나님의 사인은 말씀과 일치해야 합니다.

하나님은 결코 성경과 모순되게 일하시지 않습니다. 그분의 뜻은 언제나 말씀 안에서 분명히 드러납니다. 따라서 성경의 원리에 어긋나는 사인은 절대 하나님의 뜻이 될 수 없습니다.

실제로 제가 들은 설교 내용입니다. 그 목사님은 예수님을 믿고 순종하는 게 너무 힘들어 포기하고 싶을 때 하나님께 사인을 구했다고 합니다. 그런데 그 사인의 내용이 너무 충격적이었어요. 자신이 돈 봉투를 들고 유흥가를 거닐어도 아무도 다가오지 않으면 그것이 하나님의 뜻이라고 여기겠다는 거예요.

회중석에서 그 설교를 들으면서 얼마나 놀랐는지 모릅니다.

이는 성경과 전혀 맞지 않는, 매우 위험한 태도이기 때문입니다. 말씀과 무관한 사인은 결코 하나님의 뜻일 수 없습니다. 가장 큰 폐단이 여기에 있습니다. 반드시 성경 말씀과 하나님의 성품에 일치하는 내용을 간구해야 합니다.

사인을 구하는 일곱 가지 방법

1. 기도와 말씀에 기초하기

먼저 성경의 명확한 원리를 확인해야 합니다. 하나님께서 분명하게 명령하셨거나 금하신 영역에서 사인을 구하는 건 불필요하고 부적절합니다.

2. 절대 순종 전제하기

어떤 결과에도 절대 순종하겠다는 마음을 전제로 구해야 합니다. 특히 그 결과가 자기 뜻과 달라도 무조건 순종하겠다는 결단이 있어야 합니다. 많은 경우, 사인을 구하고도 자신이 원하는 응답이 아니면 다시 다른 사인을 구하곤 합니다. 사인은 신중하게 구해야 합니다.

3. 성경적 기준 안에서 구하기

엘리에셀처럼 인격과 소명, 하나님의 뜻과 연결된 의미 있는 사인을 구하는 것이 필요합니다. 말씀과 충돌하는 사인을 구하려 한다면 그만두세요.

4. 성령의 인도와 평강 따르기

하나님의 사인은 내적 평강과 성령의 인도를 동반합니다. 참된 확증이 하나님의 평강을 가져오고, 이런 간구의 경험은 더 깊은 하나님과의 친밀함으로 이어집니다.

5. 선택에 앞서 마음이 치우친다면, 사인을 구하는 간구 자제하기

무언가를 선택할 때 마음이 이미 어느 한 곳에 치우쳐 있다면, 사인을 구하는 기도는 자제하는 게 옳습니다. 사인을 자기 선택의 당위성을 세우는 데 사용할 위험이 크기 때문입니다. 그럴 땐 오히려 신앙적 접근 말고도 객관적으로 비교하고 지혜롭게 관찰하는 방법으로 택하면 좋습니다.

6. 공동체의 검증 받기

사인을 구하는 과정에서 하나님의 뜻을 해석할 때 주관적 해석은 피하고, 성숙한 지도자나 동역자의 조언을 받는 것이 중요합니다. 때로는 하나님의 뜻에 반하는 해석을 할 때가 있습니다. 이때는 열매를 통해 검증하는 방법을 사용합니다. 사랑, 화평, 온유가 자라나는지, 관계가 세워지고, 갈수록 평강을 누리는지 살펴보세요.

7. 한정되고 드물게 구하기

사인을 구하는 기도는 인생의 전환점이 될 정도로 예외적이고 특별한 상황에서 이루어져야 합니다. 사인을 구하는 기도를 습관처럼 하면 위험합니다. 모든 상황을 사인으로 읽지 마세요. '섭리'와 '우연'을 구분하지 못하면 확증편향(자기 신념이나 가치관에 부합하는 정보에만 집중하고, 그 외의 정보는 무시하는 태도)에 빠지고 맙니다.

사인을 통해 세워진 믿음

저 또한 하나님께 사인을 구한 적이 두 번 있습니다. 첫 번째는 고3 때 일입니다. 목회의 길을 가려고 신학교에 지원하려는데, 부모님의 반대가 심했습니다. 특히 아버지의 반대가 극심했어요. 당시 신앙이 없던 아버지는 목회자가 되려는 제게 크게 실망하여 강하게 반대하셨어요. 그때 불현듯 시험에 들더군요.

'정말 잘한 결정인가? 하나님은 정말 살아 계실까? 나를 부르신 게 맞을까?'

이런 생각이 제 안에 똬리를 틀면서 큰 갈등이 일어났어요. 그때 하나님께 간구하면서 사인을 구했습니다.

'하나님께서 정말 살아 계신다면 그리고 저를 부르신 게 확실하다면 제가 믿음으로 순종할 수 있도록 하나님의 살아 계심을 보여주세요!'

제 딴에는 얼마나 간절했는지, 금식하며 기도했습니다. 그런데 얼마 지나지 않아 학교 야간자율학습 시간에 너무나 놀라운 일이 벌어졌어요. 책에 쓰기도 조심스러울 정도로 신비하고 놀라운 광경이 펼쳐졌습니다. 얼마나 놀랐는지, 저는 학교 복도에 무릎을 꿇고 하나님을 인정하고 항복하며 기도했습니다. 그 후에는 뒤돌아보지 않고 순종의 길을 갈 수 있었지요.

두 번째는 앞에서 나눈 것처럼 유학 2년을 남겨두고 재정적으로 막막하고 너무 힘겨웠을 때입니다. '사람에게 도움을 구하지 않겠습니다. 그럼에도 하나님께서 먹이시고 채우신다면 그 길을 계속 가겠습니다'라고 사인을 구하며 간구했지요. 하나님은 예상치 못한 곳을 통해 필요를 채우셨어요. 이 경험은 하나님의 주권과 신실하심을 제 중심에 새기는 놀라운 간증과 힘이 되었습니다.

제게 사인을 구하는 기도는 믿음을 세우는 도구였지, 제 욕망을 합리화하는 도구는 아니었어요. 하나님을 사랑하고 더욱 경외하기 위해 간구한 기도였습니다.

사인을 구하는 기도의 역할과 자리

사인을 구하는 기도는 하나님께서 허락하신 방식이지만, 그것이 신앙의 중심이 되어서는 안 됩니다.

> 예수를 너희가 보지 못하였으나 사랑하는도다 이제도 보지 못하나 믿고 말할 수 없는 영광스러운 즐거움으로 기뻐하니 믿음의 결국 곧 영혼의 구원을 받음이라 벧전 1:8,9

> 예수께서 이르시되 너는 나를 본 고로 믿느냐 보지 못하고 믿는 자들은 복되도다 하시니라 요 20:29

가장 확실한 인도는 '말씀, 성령, 순종, 공동체'를 통해 이루어집니다. 사인을 구하기 전에, 먼저 하나님의 말씀에 귀 기울이고 믿음으로 순종하십시오. 하나님과 상관없이 살다가 자기 욕망을 이루고자 사인을 구하는 건 매우 위험합니다. 그때는 반드시 공동체의 도움을 받아야 합니다.

사인을 구하는 순간에도 사인이 해결책이 아니라 하나의 과정임을 기억하세요. 하나님을 더 사랑하고, 말씀에 더 순종하게 하는 연결 다리일 뿐입니다. 하나님의 사람들은 순종의 과정에서 사인을 구했고, 더 깊이 순종할 때 하나님의 역사를 경험했습니다.

그리고 모든 사인은 예수 그리스도의 십자가와 부활을 가리킵니다. 하나님께서는 '부활'이라는 가장 확실한 표징을 우리에게 주셨습니다. 그러므로 더는 표적에 매여 살 필요가 없습니다. 하나님은 이미 아들을 통해 가장 확실한 계시와 사인을 주셨으니까요(히 1:1,2). 따라서 우리는 사인을 구하려고 매달리기보다 이미 주신 말씀과 복음, 그리고 부활의 확증 안에 뿌리내려야 합니다. 사인은 우리의 믿음을 붙잡는 중심이 될 수 없습니다. 연약한 때 잠시 도움을 얻는 임시적인 수단일 뿐입니다. 건강한 신앙은 사인을 구하지 않아도, 내게 임하는 말씀과 기도 가운데 전해지는 성령의 이끄심만으로도 기쁘게 순종하는 믿음입니다.

13장

성령의 감동을 따르는 시간

광야 시대 vs 가나안 시대

한국 기독교가 이 땅에 뿌리내릴 때 하나님은 특별한 방식으로 복음의 길을 여셨습니다. 일제 강점기라는 암흑 속에서도 하나님의 임재 가운데 복음이 전해지며 회개와 기도 운동이 곳곳에서 일어났고, 기적의 역사가 함께했습니다.

1907년 평양 대부흥 운동은 길선주 목사님을 중심으로 공개 회개와 통회, 새벽기도와 전도 운동이 폭발적으로 일어났지요. 이 영적 각성은 전국으로 번져 한국교회의 정체성이 되었습니다. 이후 김익두 목사님의 부흥 집회에서 일어난 신유와 축귀 간증이 신문에 여러 번 실리며 알려졌고, 대규모 회중과 집단 회심이 뒤따랐습니다. 회개와 말씀, 기도를 중심으로 하면서도, 때로는 치유의 표징이 동반되어 복음이 담대히 증거되던 시기였지요.

1960년대에 들어서면서 한국교회는 또 한 번 눈에 띄는 변화를 겪습니다. '새벽기도'와 '금식기도'라는 독특한 영성이 자리 잡고, 이 영적 운동은 교회 전체에 강력한 도전을 불러일으킵니다. 그 결과, 교회마다 기도의 불길이 타오르고, 전국적으로 놀라운 부흥과 성장이 일어납니다. 당시 매년 수십만 명의 불신자가 그리스도를 영접했다는 기록이 있습니다. 불과 10여 년 만에 교세가 몇 배로 증가하는 폭발적 성장을 경험한 거지요.

이 시기 간증이 담긴 역사적 기록을 살펴보면, 마치 사도행전의 장면을 그대로 옮겨놓은 듯한 이야기로 가득합니다. 예배와 기도 모임 가운데 성령의 임재가 강력히 드러났고, 병이 치유되거나 억눌린 자가 자유케 되는 역사가 일어났어요. 무엇보다 수많은 성도의 삶이 변화되고, 신앙 공동체가 눈에 띄게 성숙해졌습니다.

그렇게 하나님은 기적과 표징, 그리고 전심으로 드리는 예배와 기도 응답을 통해 한국교회의 신앙 토대를 단단히 쌓으셨습니다. 그러자 이 땅에 복음이 널리 증거되었고, 신앙을 자유롭게 고백하며 예배할 수 있는 환경이 조성되었습니다.

그런데 시간이 흐르며 분위기가 달라졌어요. 상황과 환경과 시대가 바뀌었습니다. 여전히 하나님은 역사하시지만, 예전처럼 '투박하고 거침없던' 기적의 물결이 한국 사회 전반을 뒤흔들던 시기와는 결이 다른 걸음을 걷게 되었어요. 선교지나 박해가 심한 지역에서는 지금도 초기 한국교회를 연상케 하는 강력한 표징과 기적이 보고되지만, 한국은 마치 이스라엘 백성이 광야에서 가나안으로 옮겨온 것 같은 느낌입니다. 왜일까요?

성경은 이 부분에 관해 이해할 만한 설명을 해줍니다. 이스라엘 역사에서 '광야 시대'와 '가나안 시대' 모두 하나님이 일하셨지만, 일하시는 방식이 달랐습니다.

광야는 말 그대로 사람이 살아내기 어려운 곳이었어요. 농사도 지을 수 없고, 우물도, 저장고도 없었지요. 그래서 하나님이 직접 공급하셨습니다. 날마다 하늘에서 만나를 내려 먹이시고, 반석에서 물이 나와 목을 축이게 하셨습니다. 낮에는 구름 기둥, 밤에는 불기둥으로 길을 인도해 주셨고요. 광야 시대는 하나님이 손수 먹이시고 이끄시는 '기적의 시대'였습니다. 기적의 역사가 끊임없이 펼쳐졌어요.

하지만 요단강을 건너 가나안에 들어가자 상황이 급변합니다. 그곳은 '젖과 꿀이 흐르는' 비옥한 땅이었고, 땅을 갈면 곡식이 나고, 가축을 치면 번식했습니다. 그래서 "그 땅의 소산을 먹은 다음 날에 만나가 그쳤으니"(수 5:12)라고 말씀합니다.

이 말은 하나님의 능력이 축소되었다는 뜻이 전혀 아닙니다. 환경과 소명에 따라 돌보시는 방식이 바뀌었다는 거지요. 더는 하늘 양식이 필요하지 않을 만큼 좋은 환경에서는, 하나님이 우리 손으로 밭을 갈고 씨 뿌리고 추수하도록 이끄셨습니다.

쉽게 비유하면 이렇습니다. 아기 때는 부모가 숟가락으로 음식을 떠먹여 줍니다(광야). 그러나 아이가 자라면 스스로 먹고 걸어야 하지요(가나안). 이것은 부모가 사랑을 거둔 것이 아니라 자녀의 성숙을 돕기 위해 돌봄의 방식을 바꾼 겁니다.

광야에서는 날마다 기적이 필요했지만, 만약 가나안에 들어간 뒤에도 광야에서처럼 계속 기적을 주셨다면, 이스라엘은 게으름에 빠져 성숙하지 못하고 결국 무너지고 말았을 겁니다. 그래서 가나안의 백성에게 하나님이 말씀하십니다.

> 이 율법책을 네 입에서 떠나지 말게 하며 주야로 그것을 묵상하여 그 안에 기록된 대로 다 지켜 행하라 그리하면 네 길이 평탄하게 될 것이며 네가 형통하리라 수 1:8

싸움의 방식이 바뀐 거예요. 생존을 위한 '하루하루의 기적'에서, '말씀에 대한 순종과 성실한 경작'으로! 하나님은 여전히 함께하셨지만, 기적을 통해 대신 채워주셨던 방식에서 우리의 손과 발을 통해 일하시고 순종 가운데 열매 맺게 하시는 방식으로 바꾸셨어요.

정리하면, 광야는 "하나님이 직접 먹이시고 보여주시는 기적의 시대", 가나안은 "하나님이 말씀과 순종으로 우리의 일상을 통해 일하시는 성숙의 시대"였던 것입니다. 둘 다 하나님의 사랑이었지만, 상황과 사명에 따라 통치 방식이 달라진 거지요.

이 원리는 오늘의 한국교회에도 적용됩니다. 보릿고개와 빈곤, 의료 혜택의 부재, 신앙의 제약이 심했던 시절에 하나님은 표징과 기적으로 교회를 세우셨습니다. 하지만 지금은 엄청난 경제 발전과 수준 높은 의료 체계가 정착되었고, 복음도 널리 전파되었습니다.

어찌 보면 한국교회에 과거의 신앙과는 사뭇 다른 신앙의 결이 형성되었습니다. 많은 변화가 일어났어요. 특히 선교지를 방문하고 돌아오면, 더욱 강하게 느낍니다. 지금도 복음 전파가 희박하고 어려운 환경의 선교지에 가면, 마치 과거 한국교회에 임했던 것과 너무도 유사한 성령의 역사와 기적적인 사역이 일어납니다.

교회를 개척하고 나서 처음으로 말레이시아 단기선교를 다녀왔습니다. 그곳에서 사역하던 중 예배 가운데 귀신이 떠나가는 역사가 일어났고, 깊은 내면의 치유가 일어나 회복을 경험하는 성령의 역사가 뜨겁게 일어났습니다. 그때 선교팀 모두 얼마나 은혜를 받았는지 모릅니다. 그런데 선교를 마치고 다시 한국에 돌아왔을 때, 마치 타임머신을 타고 여행하다가 현실로 돌아온 것 같은 느낌을 받았습니다.

물론 오늘날에도 여전히 한국교회에 놀라운 성령의 역사와 하나님의 기적이 일어나지만, 과거 거침없던 은혜의 시기와는 다르다는 건 부인할 수 없습니다. 그렇다면 왜 이런 차이가 날까요? 답부터 말하면, 차이가 나는 건 당연합니다. 이상한 게 아닙니다. 오늘날 이 시대를 살면서 광야 시대와 같은 과거 세대를 동경하고 그리워하는 건 현명한 모습이 아닙니다. 하나님께서 이스라엘 백성을 광야에서 인도하실 때와 가나안에 정착하게 하실 때 방식이 달랐던 것처럼, 오늘 우리 삶에서도 하나님의 역사하심은 상황에 따라 다르게 나타납니다.

그렇다고 해서 기적이 사라진 건 아닙니다. 믿음의 걸음을 걷는 가운데 하나님은 여전히 역사의 주관자로 일하시며 우리 삶을 붙드십니다. 그러나 그 방식은 다를 수 있어요.

예를 들어, 우리가 아플 때 병원에서 치료받을 수 있다면 마땅히 병원에 가는 게 옳습니다. 동시에 그 과정에서 기도하며 하나님을 의지하는 것도 필요합니다. 다시 말해, 하나님께서 우리에게 주신 환경과 상황 안에서 우리가 할 수 있는 최선을 다하는 것이 믿음의 태도입니다.

가나안 시대를 광야 시대 방식으로 살 수는 없습니다. 하나님은 여전히 역사하시지만, 이제 이 땅에서 기적과 표적 중심이 아니라 말씀에 근거한 순종과 동행으로 우리를 성숙으로 이끌고 계신 겁니다.

가나안 시대를 향한 하나님의 도전

가나안에 정착한 이스라엘 백성에게 하나님이 요구하신 건 말씀을 붙들고 주야로 묵상하며, 그것을 삶에서 지키며 살아내는 거였습니다(수 1:8). 광야에서는 먹고사는 생존의 문제가 가장 중요했지요. 물도, 양식도 없는 땅에서 하나님의 기적 없이는 단 하루도 버틸 수 없었어요. 그래서 하나님은 만나와 메추라기, 반석의 물로 그들을 먹이셨습니다.

그러나 가나안에 들어온 이후 상황이 달라졌습니다. 가나안은 젖과 꿀이 흐르는 풍요의 땅이라 생존이 문제 되지 않았어요. 대신 새로운 싸움이 기다리고 있었습니다. 바로 가나안의 문화와 세계관, 우상숭배와 가치관이 유혹하는 전쟁이었지요.

광야에서의 싸움이 '오늘 무엇을 먹고 마시며 살아남을 것인가'였다면, 가나안에서의 싸움은 '어떻게 하나님의 백성답게 살아낼 것인가'라는 정체성의 문제로 바뀝니다. 풍요의 시기에는 더 교묘하게 우상과 세속 문화가 스며들 위험이 도사리고 있어요. 실제로 가나안은 자극적이고 쾌락적이어서, 마음을 지키지 못한 이스라엘이 쉽게 무너질 수밖에 없었습니다.

또한 광야에서는 공동체가 함께 나그네처럼 움직였습니다. 그러나 가나안에 들어오자 각 지파가 땅을 분배받아 흩어져 살면서, 개인과 가정의 신앙이 바로 서야만 했습니다. 더는 모세 같은 지도자가 모든 걸 대신해 주지 않았지요. 이제 각자가 하나님의 말씀 앞에 서서 가정과 자신을 지켜야 했습니다.

결국 가나안 시대의 승리는 칼과 창으로만 결정되지 않았습니다. 말씀을 붙들고 살아내는 순종과 이방 문화와 세계관의 거센 유혹 속에서 마음을 지켜내는 개인의 내적 성장이 관건이었지요. 그래서 여호수아는 그의 생애 마지막에 이렇게 권면합니다.

> 그러므로 이제는 여호와를 경외하며 온전함과 진실함으로 그를 섬기라 … 너희가 섬길 자를 오늘 택하라 **오직 나와 내 집은 여호와를 섬기겠노라** 하니 수 24:14,15

여호수아의 도전에 백성이 "여호와만 섬기겠다"라고 고백하자, 그는 다시 한번 강력하게 도전합니다.

> 여호수아가 이르되 그러면 이제 너희 중에 있는 이방 신들을 치워버리고 **너희의 마음을** 이스라엘의 하나님 여호와께로 **향하라** 하니 수 24:23

가나안의 승부처는 '마음'이었습니다. 승리하기 위해서는 주위에 가득한 이방 신들을 치워버리고, 하나님께로 마음을 정해야 했습니다. 각자 하나님께 마음을 두고 말씀에 순종하며 살 때 비로소 축복의 걸음을 걸을 수 있었습니다.

'듣는' 신앙에서 '행하는' 신앙으로

지금 이 시대는 가나안 시대를 살아가던 이스라엘과 다를 바 없습니다. 누구도 광야에서 계속 살 수는 없습니다. 실제로 가나안에 들어가지 못하고 광야에서 생을 마친 이스라엘 세대에 대해 성경은 깊은 안타까움을 전합니다.

그들은 출애굽의 기적을 경험했지만, 하나님을 끝까지 신뢰하지 못하고 불순종과 원망 속에 머물렀습니다. 결국 하나님께서는 그들이 순종하지 않자 "내가 노하여 맹세하기를 그들은 내 안식에 들어오지 못하리라"(시 95:11)라고 말씀하셨습니다.

가나안에 들어가지 못한다는 건 그저 땅 문제가 아니라 하나님의 약속과 안식에 참여하지 못하는 비극입니다. 광야가 끝나지 않는다는 건 믿음의 성숙과 하나님의 언약을 성취하지 못하는 큰 불행이었지요.

이스라엘의 역사는 오늘날 우리에게 분명한 교훈을 줍니다. 하나님께서는 우리가 출애굽의 은혜에 머물러 있지 않고, 가나안으로 들어가 성숙한 믿음으로 서길 원하십니다. 단순히 기적을 경험하는 신앙이 아니라, 말씀에 뿌리내리고 순종하며 개인의 경건을 세우는 신앙으로 나아가길 원하시는 겁니다.

저는 이 과정을 '성장을 위한 전환'이라고 부르고 싶습니다. 광야는 은혜의 시작이지만, 가나안은 성숙의 자리입니다. 이 전환을 이루지 못하면, 우리는 계속 광야에 머물며 신앙 유산을 잃어버릴 수밖에 없어요.

따라서 오늘 이 시대에는 각자 삶의 자리에서 하나님의 뜻을 분별하고, 성령의 감동 안에서 순종하며 경건에 힘쓰는 게 중요합니다. 공동체와 국가 차원의 부흥도 중요하지만, 지금 이 시대의 도전은 '각 개인이 하나님 앞에서 어떻게 설 것인가'에 달려 있지요. 하나님께 마음을 향하고, 말씀에 순종하는 삶이야말로 우리가 이 시대의 가나안에서 승리하는 길입니다.

가나안 같은 세상, 곧 육체의 소욕과 이생의 자랑이 활개 치는 시대에 승리하려면, 각자 삶의 자리에서 부어지는 성령의 감동을 붙잡고 순종하며 나아가야 합니다. 이것이 안정기의 신앙, 곧 '기적 이후의 시대'를 살아가는 우리가 취해야 할 성숙한 모습입니다.

"모세가 없으니 불행한가요?"
"아닙니다. 이제는 모두가 성령의 사람입니다!"
광야에서는 모세 한 사람이 공동체를 이끌었습니다. 그러나 가나안에서는 하나님이 개인과 직접 동행하길 원하셨습니다. 사실 사사시대 때 하나님은 사사를 세워 백성을 대신 통치할 의도가 없으셨습니다.

본래 계획은 개인과 가정이 하나님을 붙잡고 말씀에 순종하며 살게 하시는 거였지요. 지도자 한 사람을 그리워할 이유가 없었습니다.

오히려 모든 이가 모세처럼 하나님과 가까이 걸을 기회가 열렸습니다. 광야 시대에 강력한 중앙집권적 리더십이 필요했다면, 가나안 시대에는 리더십이 흩어지고 이양되었습니다.

그래서 여호수아도 모세와 같은 리더십을 행사하지 않았습니다. 각자에게 하나님을 섬길지 선택하라고 했습니다. 그것이 가나안의 특권이었지요. 그리고 이것은 오늘날 우리가 누리는 은혜의 그림자입니다.

우리에게는 '은혜'라고 할 만큼 더 큰 특권이 허락되었습니다. 예수님이 세상에 오셨다가 십자가 죽음과 부활을 통한 구속 사역을 마치시고 하늘로 승천하셨습니다. 그러면서 약속의 말씀을 전하셨지요.

> 그러나 내가 너희에게 실상을 말하노니 내가 떠나가는 것이 너희에게 유익이라 내가 떠나가지 아니하면 보혜사가 너희에게로 오시지 아니할 것이요 가면 내가 그를 너희에게로 보내리니 요 16:7

예수님이 이 땅에 계신 것보다 더 유익한 상황이 펼쳐질 거라고 하셨어요. 그렇게 말씀하시는 이유는 보혜사! 도움을 주는 헬퍼(Helper)이신 성령께서 예수님을 대신해 오실 것이기 때문입니다.

성령과 함께하는 게 이 땅을 살아가는 우리에게 더 큰 유익이라는 거지요.

기적의 시대를 추억하는 데만 머무르면 안 됩니다. 지금 각자 성령의 사람으로 서야 합니다. 그렇지 않으면 풍요의 파도에 휩쓸려 정체성을 잃은 가나안 사람처럼 변해버릴 위험이 큽니다.

우리 모두 성령의 사람으로!

한국교회는 광야 시대의 카리스마 리더십을 지나 각자 성숙의 자리로 나아가야 하는 가나안 시대로 진입했습니다. 바통은 이미 다음 세대에게 넘어갔습니다.

하나님은 지금 이 시대에, 단 한 사람 모세가 아니라 모든 성도가 모세처럼 하나님 앞에 서기를 원하십니다. 더 정확히 말해, 각자가 성령의 사람으로 세워져 성령의 감동을 따라 매일의 삶에서 순종의 걸음을 걷기를 바라신다는 거지요.

말씀은 여전히 살아 있고, 성령께서는 그 말씀을 통해 우리의 마음을 환히 비추십니다. 그리고 그 감동이 단순한 깨달음이 아니라 순종으로 이어질 때, 비로소 삶의 실재가 됩니다. 그때 하나님나라의 권세와 평강이 우리 일상에 스며듭니다.

어떤 이들은 그 은혜 앞에서 얼굴이 환하게 빛나고 영혼이 뜨거워지는 경험을 할 것입니다. 저는 그 은혜가 이 글을 읽는 당신의 삶에도 충만히 임하길 축복합니다.

기적이 사라진 게 아닙니다. 하나님은 여전히 역사하시며, 이제는 우리를 성숙으로 이끄십니다. 광야에서는 만나로, 가나안에서는 말씀에 순종하는 삶으로 우리를 먹이신 하나님!

그래서 오늘 우리에게 가장 중요한 건 '말씀, 평강, 열매'의 울타리 안에서 성령의 감동을 분별하고, 그걸 행동으로 이어가는 것입니다. 이것이 바로 '성령의 감동을 따르는 시간'입니다.

이 귀한 시간을 뒤로 미루지 마세요. 성령의 감동을 따르는 시간을 살아낼 때, 결국 우리 삶 전체가 하나님께 드려지는 아름다운 순종의 이야기가 될 것입니다.

마지막으로 이 고백을 주님께 올려드립니다.

주님, 우리를 성령의 사람으로 세워주옵소서
말씀으로 우리의 길을 비추시고,
그리스도의 평강으로 우리 마음을 지켜주옵소서

우리 삶이 성령의 열매로 증거되게 하시고,
매일의 자리에서 작은 순종을 통해
주님의 나라가 드러나게 하옵소서
그리하여 마침내 주님 앞에 설 때,

우리를 통해 이루신 주님의 구원과 영광을
함께 노래하게 하옵소서

예수님의 이름으로 기도합니다
아멘!

" 오늘 우리에게 가장 중요한 건
'말씀, 평강, 열매'의 울타리 안에서
성령의 감동을 분별하고,
그걸 행동으로 이어가는 것입니다.
이것이 바로 '성령의 감동을 따르는 시간'입니다. "

성령의 감동을 따르는 시간

초판 1쇄 발행	2025년 11월 12일
초판 2쇄 발행	2025년 11월 18일

지은이	이태재		
펴낸이	여진구		
책임편집	김아진 배예담		
편집	이영주 진효지 최현수 구주은 안수경 김도연		
책임디자인	남은진 정은혜 | 마영애 노지현 조은혜		
마케팅	김상순 강성민	마케팅지원	최영배 정나영
제작	조영석 허병용	경영지원	김혜경 김경희 김영하

303비전성경암송학교 유니게 과정
이슬비전도학교 / 303비전성경암송학교 / 303비전꿈나무장학회

펴낸곳   규장

주소 06770 서울시 서초구 매헌로 16길 20(양재2동) 규장선교센터
전화 02)578-0003   팩스 02)578-7332
이메일 kyujang0691@gmail.com   홈페이지 www.kyujang.com
페이스북 facebook.com/kyujangbook   인스타그램 instagram.com/kyujang_com
카카오스토리 story.kakao.com/kyujangbook
등록일 1978.8.14. 제1-22

ⓒ 저자와의 협약 아래 인지는 생략되었습니다.
이 출판물은 저작권법에 의해 보호를 받는 저작물이므로 무단 전재와 무단 복제를 할 수 없습니다.

책값   뒤표지에 있습니다.
ISBN 979-11-6504-668-2 03230

규 | 장 | 수 | 칙

1. 기도로 기획하고 기도로 제작한다.
2. 오직 그리스도의 성품을 사모하는 독자가 원하고 필요로 하는 책만을 출판한다.
3. 한 활자 한 문장에 온 정성을 쏟는다.
4. 성실과 정확을 생명으로 삼고 일한다.
5. 긍정적이며 적극적인 신앙과 신행일치에의 안내자의 사명을 다한다.
6. 충고와 조언을 항상 감사로 경청한다.
7. 지상목표는 문서선교에 있다.

하나님을 사랑하는 자 곧 그의 뜻대로 부르심을 입은 자들에게는 모든 것이 合力하여 善을 이루느니라(롬 8:28)

규장은 문서를 통해 복음전파와 신앙교육에 주력하는 국제적 출판사들의 협의체인 복음주의출판협회(E.C.P.A:Evangelical Christian Publishers Association)의 출판정신에 동참하는 회원(Associate Member)입니다.